너에게도
바람이 불어오길 바래

'불길 속에서 빼내온 나의 심장, H...'

너에게도
바람이 불어오길 바래

김은선

HEXAGON

시려왔다. 불안했다. 웃는다
2018 Mixed media on canvas 130×160cm

그리는　009
걷는　121
떠다니는　227

그리는

바라볼 뿐이었다...
2020
Mixed media on canvas
130×162cm

1.

'인간'이라는 추상.
'인간을 담고 있는 것은 형체가 아니라, 영혼이다.'

자코메티를 만나고 싶다.

'영혼' 이라는 추상.
'감정' 이라는 추상.

'가슴이 가리키는 것'

무엇으로 보여지게 하고 싶다는 나의 작은 열망이
그림을 그리게 하고, 글을 쓰게 한다.

나는 '추상'으로 그림이 보여진다는 것에 두려움이 있다.
'아무 것도 없음' 이 '어떤 경지에 이른 것' 이라면, 그 과정에 내포된 수많은 것들에게 나는 어떠한 예의를 갖추어야 할까...? 늘 고민한다.

어느 날에 내가 같은 행위의 반복을 '완성되었음'으로 또는 '구축되었음'으로 결정해 버릴까봐 두렵다.

늘 똑같고 반복적이지만, 새로운 것에 대한 무한한 해석이 바닥나 버릴까봐 두렵다.
항상 새롭게 시작하여야 한다는 불안함이 때로는 안정적이게 다가올만큼 나는 무한하고 싶다.
그러하지 못할까봐 두렵다.

한 작품, 한 작품을 해나갈 때에 습관처럼 이전 작품을 더 들여다 본다.
고립되어 있는 나에게 더 깊은 고독과 만나는 순간을 주는 작품들은 저마다의 이야기를 해 온다. 모두 다른 생각, 다른 모습, 다른 형체, 다른 영혼들을 품은 것이다.
결국 내 가슴이 가리키는 것이었지만, 이미 완전히 다른 영혼으로 떠나가 버렸다.

'추상'의 세계로 더 '추상'다운 세계로 걸어 들어가고 싶다.
생각이 그 길을 방해할 때도 있다.
그저 생각은 그 길에 놓여진 것으로 여겨야 한다는 것을 알고 있다.

눈 앞에 펼쳐졌던,
머리에서 굳혀졌었던,
몸이 기억해왔던...
'가슴이 가리키는 것' 그 모든 것들은 아무리 노력해보아도 형체가 떠오르지 않는다.

설명되어지지 않는 '인간' 이라는 추상.
그 '인간'이 가진 형체 없는 영혼.
그 감정의 시작과 끝은 어디에서 부여 받은 걸까…
아무런 의도 없이 그저 우리가 살아가게 된 것이라면…
그렇게 지금도 살아가고 있는 것이라면…

똑같을 수 없는 '인간'이라는 추상…

그래 그렇게

우리는
눈 부시고
텅 빈 공간으로
떨어졌다

그래 그렇게
나는 불안함을 안정적이다 느끼면서 내 그림의 두려움을 잠재워 버리고 있다.

개념적이지도, 정형적이지도, 완벽하지도 않은…
더 깊고 아무것도 아닌 '추상'의 세상은 나의 세상이 되어간다.

간절히 원한다.
지치지 않기를…
머리 쓰지 않기를…
그저 놓여진 길 정도의 생각만 하기를…
내 영혼이 부디 '가슴이 가리키는 것'에만 집중하여 나아갈 수 있기를…

2.

고된 하루의 끝에서
고개를 들어 하늘을 본다.

밝은 달의 밤은
제 멋대로 인 것 같다.

마치
다시 하루를 시작하여야 할 것만 같은
아침으로 착각하게 만든다.

그래서 나는
낮과 밤의
정해진 시간을 잊은지 오래다.

해야 할 때와
멈추어야 할 때를
반드시 지키지 않아도 된다는 생각으로
삶을 채비한다.

그렇게

시간이라는 것에

할 수 있을 때와 멈추어야 할 때를 놓아둔다.

그 후에

의미있게 정해지는 것으로 함께 한다.

어렵고 쉽기도 하다.

그런 의미에서

나의 일은

나에게 아주 적합한 일이다.

3.

내 앞에서 의미를 묻지 마세요...

그림이에요...

나는 단지 그림을 그리고 있을 뿐이니까요...

조그마한 공간의 불안. 그리고 평온. 2022 Mixed media on canvas 195×129.5cm

4.

도구는 모든 것을 쉽게 해 준다.
라는 것을 인지하지 못한 채 나는 지금 당장 필요하지 않은 도구들이 눈에 보일 때 마다,
손에 잡힐 때 마다 사는 습관이 있다.

지출되는 비용이 그리 크지 않다 생각했으며,
나는 언제나 늘 여유로운 환경 속에서 살아왔기 때문이었는데 그 또한 인지한 적이 없었다.

그런데,
오늘 문득 든 생각이 그 어떠한 도구보다 내 몸에 달린 손이 더 쉽지 않을까.
라는 것.

그림을 시작한 처음부터 내 손이 왜 그러했는지는 모르겠으나,
늘 타인으로부터 손으로 작업을 하는 사람으로 오해 받아왔었다.
내 손은 겨울이 되면 더욱 심해졌지만, 따뜻하고 건조하지 않은 여러 날에도 늘 마른 땅처럼
갈라져 있었기 때문이었다.

요즘은 나도 모르게 요령이 생긴 걸까.
게을러진 탓일까.
생각이 너무 많아져서 일까.

가슴으로 비롯하여 머릿속 저 끝까지...
끝없이 그림을 다작하고 있다.
마치 시뮬레이션 하듯이, 습관처럼 작업하고 또 작업하여 이미 작업은 마쳤고...
그러나 작업실에는 작품이 없는 것만 같다.

글쓰기를 게을리 했던 것 또한 나의 선택이었다.

내 모든 것을 너무 오랜 시간 동안 처절하게도 죽음의 문턱에 가 있게 만들었나 보다.

내 속에서 솟아오르던 나조차도 감당하기 힘들었던 그 무엇이
결국에는 바닥이 드러났다는 것을 알게 되었던 지점.
그 때에 나는 살기 위하여, 나를 멈추게 했고 웅크리게 하였다.

나를 보호하기 위함의 방어기제가 아니라,
다시 나로 돌아가기 위한 굳건한 다짐이었다.

오늘 하루를 홀로 호흡만 하며, 아무 것도 먹지 않고 아무 것도 하

지 않고 멍 하게 있었다.

기다리던 밤이 왔다.

오늘 밤은 내 영혼과 다시 만날 생각이다.
이 모든 것은 너무나 즉흥적인 내 선택으로 보이는, 아주 길었던 내 계획이다.

무더운 밤이지만, 따뜻한 바람이 분다.

시원한 바람으로 착각하는 내 정신은,
결국 나의 신체를 지배하고 있다.

5.

가슴과 가슴이 맞닿았던 걸까...

.

그림이 되어있네.

6.

결국 하얗게 남겨지는 것.

손가락이 아리고, 팔이 우리한 통증을 겪은지 몇날 며칠이 되었는지 모르겠다.

자고 일어나면 느껴지는 오른 팔의 통증은
밤새 누군가에게 모든 움직임을 억압 당해 꽁꽁 묶여있었던 것 같은 느낌이었다.
작은 움직임조차 자유롭지 못한 나의 밤은
결국. 그렇게 하얗게 남겨졌다.

무엇 때문인지 모를 아픈 나의 오른팔은 그 원인을 가늠해진 순간부터 조금 나아졌다.

기다리고 기다린다.

알게 되었으니 기다릴 수 밖에…

.

드디어 tertre로 날아오른다.

두렵고. 불안하고. 흥분된다.

그저 그러한 곳으로 가는 듯한
그러나
매우 특별히 주어진 곳으로 가는 듯한
그 교차지점을 잘 느껴야 하는데
기울지 못하는 저울이 내 마음에 담겨준다면
얼마나 좋을까

담담한 예술 속에서 미친 예술이 노닐 수 있기를 소망한다.

내밀한 곳의 내 예술이 서서히 또는 한꺼번에 다 뒤집어 그 판을 엎어 버리고 다시. 고요해지기를 열망한다.

행위의 그 오랜 당연함과 식상함이 나는 아프다.

밤하늘이 까맣지 않고 파랗다는 것을 본 그 때에 흘러내렸던 내 눈물이 부디 너가 되기를...

나의 소중한 그 열망이 부디 너가 되어지기를...

.
.
.

수많은 경험들을 하였어도
새롭다는 것이. 그리고 또 있다는 것이.
그들이 살아가는 세상과 우리가 살아가는 세상에 놓여졌다.

그래.

결국 하얗게 남겨지는. 것...

.

내 여름 날은 이렇게 시작되어지고 있다.

모두 모아서 소중한, 모두 모여서 귀중한 2023 Mixed media on canvas 162×130cm

7.

내 삶은 음악이었으며
잿빛의 잔잔한 바다였고
앙상한 나무가지의 몸이었고
예사롭지 않은 바람이 일고 있었으며
가슴 속 심연은 그림이었다

나는 고독했고
고독이었다

그림이었고 사랑이었으며
아팠고 슬펐다
시리고 시렸다

애틋한 가슴은
애잔했다
그 애잔함은 숭고해져 갔다

나는 그렇게 되어. 가고. 있었다...

그렇게
비워 두었던
커다랗던 그 자리는
이제 나로 변해버렸고

이내
곧
그렇게
텅 빈 공간 속에 서 있었다...

.

그렇게 그렇게
우리는
눈 부시고
텅 빈 공간으로 떨어졌다 . . .
.
.
.

8.

그림이 눌려져간다
인간처럼 굳건해져 간다

꾹 꾹 누른
영혼의 심장 같고
그 곳에서 죽어있는데도
살아있는 것만 같이

9.

상상합니다.

이 고통이 잔재 될 형상을
무형의 그 것을요.

절대 유형일리 없다는 것을
잘 알고 있습니다.

다만,
사라지는 것이 아니라면...
어딘가에는 녹아졌을 것이라는...
상상...

내 맘대로
할 뿐입니다.

10.

시엔

시엔은 슬픔에 젖어 있었던 걸까...

고개 숙인 표정...
그 보이지 않는 표정이 감정을 드러낸다.
감정을 느낄 수 있게 하는 그 전달력은 어디서부터 일까..

드러나지 않은 슬픔을 표현하기에는 너무나 간단한 드로잉.
특별하지 않은 도구.
화려하지 않은 기법.
시선을 끄는 색채.
그 어디에도 없다.

그럼에도 불구하고 그 모습은

세상의 모든 슬픔을 홀로 느끼고 있는 듯하다.

거친 선이 말해주는 걸까.
외롭다고.

숨긴 표정이 말해주는 걸까.
슬프다고.

헐거벗은 몸이 말해주는 걸까.
고독하다고.

축 처진 젖가슴이 말해주는 걸까.
가진 것 하나 없는 삶이라고.

그림의 힘은 대단하다.

그 어떤 글도..
단 한마디 말도..
없다.

그러나 그 때.
그 날의
시엔은 슬프다.

11.

바라보고 있었다.

갑자기...

감당할 수 없는 무언가가 되어..

내 가슴을 누른다...

.

이내..

나는...

...

쓸쓸해졌다...

.

알 수 없고,

알아야 할 이유..

사실은 없다.

슬프고 아픈 작은 생각 2023 Mixed media on canvas 89×130cm

12.

예술의 목숨 값은 없는 듯 보이는데 있다.

현저히 흔들려가던가.
뚜렷이 흔들려왔던가.

우리는 우리의 손으로 이루어 놓은 문명의 근원에서 모든 것들을 흔들어 놓아버리고 있다.

그리하여 예술의 속으로 걸어 들어가는 내가 찬란하지는 못하여도
없는 듯 보이는 그 예술의 목숨 값 어디 즈음. 놓여 질 수 있다면…

생각해 본다.
그 길을

내 코로 들어 마시고.
내 귀로 기울여 꾸겨 넣고,
내 눈으로 없는 것을 보아 내려가며,
내 손길로 분출해 나아가며,
내 입을 굳게 닫아

내 뇌리와 내 가슴으로 머금었던 그 모든 것들을
심하게 앓아가고 싶다.

내 온 몸으로 맞는 채비라고 해 두자.

시야에서 서서히 사라지고
심장에서 꿈틀거리며 다시 피어오르는

그것이.
우리, 예술의 목숨 값이 되어진다면...

가만히 생각해 본다.

.

내 영혼과 접선하기 위한 날.

.

예술의 목숨 값에 대한 깊고도, 짧은 생각.

13.

오래된 척하기.
자각하는 현시점에서 지나온 과거를 마치 살아온냥 살아본 것처럼.
그 곳에 놓여졌던 것처럼.
나를 보내보기.

행해지는. 이루어지는 순간.
그 시점은 지금. 현재이지만.
이 사물은 그 때에 존재하였었던 잔여물로 미미한 존재로.
그저 그러했지만 지나온 시간을 모두 지닌 척 하는 .

오래된 척하기.

그 의미가 부여되었을 때에
미미했던 존재는 과거로부터 역사적인 시간의 의미를 부여받으며
현시점에 존재하는 가치로써의 탄생.

지금. 여기에서 태어났지만.
아주 오래전부터 존재했었던. 해왔던 것.
그것으로써의 의미.

낡고 헛된 형상의 재현은.

회귀하고자 하는 본능의 재현으로 설명될 수 있으며, 지나온 것들에 대한 미미한 것들에 대한 찬미로써의 재탄생의 역사를 발생시키는 것.

나의 올드한 회화 작업.

탄생의 시점에서 부여받은 감정.

그 공간의 재현.

과거도 현재도 미래로도 설명할 수 없을 자유로움 속의 파토스.

예술가는 자신의 작품을 계획할 수는 없지만,
그 작품이 자유롭게 자라날 수 있게는 해야 한다.

H...2-1 *2018* Mixed media on canvas 160×112cm

14.

완벽한 비정형을 캔버스에.

완벽하지 않은 정형과는 완전히 다른 개념이다.
그것은 비정형의 형태, 형상, 선, 색등을 완벽하게 표현. 재현해 낸 화면을 의미한다.
기준은 언제나 나에게서 비롯하여 나에게서 완성되어가는 것이지만, 내면에서의 그것은 가슴으로의 출발 지점이어야 하고 외부의 표출행위는 시선의 끝 지점이어야 한다는 것.이라 생각해 왔다.

커다란 변화는 없지만, 발전과 연관시켜 보았을때에 제자리에 머문다는 것 또한 나를 불안하게 만든다.
그러나 아직 거기에 가닿지 못하였음을 너무나 잘 알기에 이 불안함을 잠재우는 수 밖에 없다.

늘 이리 갔다. 저리 갔다. 나는 도대체 무엇을 하고 있는가. 생각하면 이 세상은 다른 세계인 것만 같아서 내가 인간은 맞는가...? 하는 생각을 하게 된다.

걷고 있는 발걸음조차도,
내 의지대로 움직이는 것 같지 않고..

바라보고 있는 내 시야 조차도,
다른 이의 눈을 통해 그저 보고 있는 것을 하는 인간... 정도로 느껴질 때가 허다하다.

나는 아주 일차원적인 인간이다.
아주 깊은 곳까지 가지 못하는 나의 생각들이
지치지 못하고 갈구하는 그것은,
도대체 무엇을 향하고 있는지...

알고 싶다. 간절히...

그 곳.. 그렇게 서서.. 2018 Mixed media on canvas 93×195cm

내 눈을 가리지마. 안보여서 눈물이 흘러...
2019 Mixed media on canvas 181.5×258.5cm

밝아오는 찬란함은 감각으로만 느껴도 될 텐데.

다시 적요함 속에서 그 어떤 애환으로도 좋으니

들어가야겠다. 그림 속으로.

15.

마음이 마음을 먹었다

작정을 했다
무언가를 시작했다는 것일까

그 어떠한 것들을 품을 수 있다는 마음일까

나의 집에는
나의 작업실에는
너무나 많은 나의 것들이 있었다

왜 꼭 필요했던걸까
내가 바라던 여성상에 부합하던 것들
그것들이 필요했다

'감각이다.'

없어도 될 모든 것들로 가득하다
내가 하고 싶은 그림에 필요하던 것들
없으면 어떻게 그릴지도 모르는 이유로

그 전부. 들로 가득하다

'기본이다.'
생각했다

거렁뱅이의 몰골로 쓰레기를 버릴 수 없고
엘레베이터를 타고 1층을 누를 수도 없었다
많은 색으로 멋진 작품을 할 수 없을지라도
작은 붓 하나가 없어 그림을 그리지 못할 수도
있다고 생각했다. 나는.

그러했다.

부인할 수는 없다

사십여년을 가질 수 있는 그 모든 것들을 취했다
그러면서도 나는 자부했다
꼭 필요한 것들과 함께할 뿐이라고
사라지는 자의 흔적이 화려하면 못났다

바람이 어느 날 나를 보고 있었다
어두워진 저 밖의
적요함이 평안을 준다

해가 눈부셔서 찬란해지면 나는 불안하다
그 때에는 바람이 없다
나의 바다도 남의 것이 되어버린다

지금 나는 몽롱하여 모호하고
또 멍청하다
멍청해지니 구름위에서 바람이 된 것만 같다

이대로
더 멍청해질 수만 있다면 참... 좋겠다...

말 없이 커피를 내려 마시고
그 무엇을 말 할 수 없어
그림 같지도 않은 그림 속에서 멍청하고 싶다.

나는 자꾸만 무언가를 말하려한다
아무도 모를 테지
서사 없는 그림은 너의 그림이고
그것은 그냥 그저 그런 너의 세계일 뿐이라고
무한한 내가 그래서 미칠. 것 같은지도
모를거면서 ...

.

그래서 아무도 알아주지 않기를 바란다

나는 나로 화려할지도 모를

아무것도 정말 아무것도 아닌 것을

뼛속까지 너무나 아무것도 아니므로

.

오늘 따라 우리. 라는 단어조차도

미안하기 그지없다.

16.

어릴 적부터 늘 해오던 현상에 대한 습관적 사유들
존재에 대한 해답 없던 물음들...

무엇이 무엇인지도 모를 미래가 잠재하고 있는 과거에서 답을 찾을 수 있을지도 모르기 때문에 나는 현재를 과거에 조금 더 비중을 두고 살아간다.

써내려가는 순간
그 즉시 과거가 되어 간다는 것이 익숙할 때도 되었는데 여전히 낯선 나는 말을 쉽게
그리고 아주 많이 하는 사람이 되기 싫었다.
때문에 글을 쓰는 일이 잦았고, 지금도 그러하다.

어느 순간 이렇게 이행되어지는 것들을 정말 이렇게 이해해도 되는지에 대한 의문이 생겼다.
어떻게 생각하여 이렇게 이해되어 왔는지에 대한 지점으로 돌아간다.
스스로 생각하여 보건대
나는 참 고리타분한 사람인 것 같다.
변화, 변형, 발전, 역사 속 미물들부터의 고귀함을 잊거나 잃을까

봐 걱정을 하는 나는
나를 좋게 해석하기 위해 '클래식'이라 쓴 적이 있었다.

늘 시작점이 있다.
늘 다른 시작점이 있다.
그래서 그 시작은 끝이 없고, 그 끝은 설령 경험에 의한 끝이라 해도
또 다시 시작을 반복하고만 있다.

내 그림이 '올드'한 이유가 그래서 일지도 모른다는 생각이 들고
고리타분한 이의 입에서 조금 좋은 해석이라는 명분으로 '클래식'한 내 그림이라며

또 다시 작업의 시작을 반복한다.

작업을 끝냈다.

나는 지금 온전히 공허하다.

어두움이 내리고, 바람은 불 것이니... 걸을 수 밖에
2023
Mixed media on canvas
162×130cm

17.

캔버스를 만지고. 또 내리고..
다시 올렸다가..
붓조차 들지 못하고 있다.
며칠 째..

예전에는 붓부터 들고 봤는데..
내 마음 속에 작품에 대한 정리까지는 아니더라도
시작을 할 수 있는 영감이라고 표현해야 할까..

쉽사리 붓을 들 수도..
새하얀 캔버스를 이젤에 올리지도 못하고 있다.

들고.. 내리기를.. 반복하다가 주저앉으니...
어느 새 해가 뉘엿뉘엿 지고 있다.

이야기가 없는 그림 속에 생명력은 없다.
그 이야기가 화려하거나. 또는 진지하거나..
그래서 누구나 공감하는 아주 큰 뜻을 품어야 하는 것은 아니지만
적어도 내가 왜 붓을 들었는지는 알아야 한다.

어디서부터 시작해야 할까..

드레스부터 입을 수는 없지만, 옷은 입어야 밖으로 발을 내딛을 수 있다.

어렵다..

평소 내 습관과 성향이 너무 많은 생각들을 하는 것이..

지금 독이 되고 있는지, 약이 되려고 하는 건지..

알지는 못하겠으나

난 지금 이 시간들을 조급함으로 보내고 싶지는 않다.

생각이 들면, 들 때까지 하고..

정리를 위해 시간이 필요하다면, 내어주고 싶다..

많은 작업을 통한 완성도 중요하겠지만

많은 생각 즉, 사유를 통한 작품에 예의를 갖추고 싶다.

누군가 들으면

대단한 작품세계관을 가진 작가인 듯 웃을지도 모르겠으나,

작품이기 이전에

난 내가 사랑하는 그림에게 진중함과 어려움, 마음, 정성, 열을 다 하고 싶을 뿐이다.

오롯이..

그림만 위해서 말이다.

....

글을 적으니 어느 정도 답답함이 풀려가는 듯 하다.

....

오늘 밤에는 붓을 들 수 있을까...

내심 기대해 본다.
언제쯤..
밤을 새하얗게 지새며 물감 냄새를 맡으며 새벽을 맞이할 수 있을까...

상상만으로도 가슴이 벅차 터져버릴 것만 같다.
행복하다.

적지 않은 이 나이에..
아무도 모를 행복한 일을...
마음껏 누릴 수 있는...
지금이...
나에게 주어짐에.....

설레이며 기도해 본다.

" 오늘 밤에는..." 하고 말이다.

- 붓을 그리는 4월의 밤

18.

지금
한 점의 그림이 나를 강하게 껴안을 때.

그 때이다.
바로 지금이.

19.

모든 것은 다 지나갈테지.

수년 전
내가 썼었던 글이 나를 가둬 놓았는지도 모르겠다는 생각이 들었다.

'우리 시인들은 모두 미치광이다. 일부는 기쁨의 영향을, 나머지는 슬픔의 영향을 받으나 모두 약간은 실성했다.' 반 고흐처럼 시인의 역사상 가장 미치광이 우울증 환자 '조지 고든 바이런'이 한 말이었다.

어느 날, 갑자기 미친 증상이 나타나면 처음에는 너무 두려워서 자신에게조차 비밀로 하고 싶어진다. 어떨 때에는 모든 예술가는 조울증을 앓는 것이 아니라, 가지는 것이 어찌할 수 없는 당연함으로 그 두려움을 평범화시키기도 한다.
차이코프스키의 음악에 열광하는 것조차도 조울증 환자의 위대함이 가져온 결과라는 위로도, 슬픔 뒤 감춰 놓은 시엔의 모습이 결국은 자기를 죽인, 죽여 버린 반 고흐의 위대함 속으로 묻혀져 버리듯이 말이다.
이것들이 모두 지나가는 것이라면 어떻게 살아가야 아니, 어떻게 살아 나갈 수 있을지 눈 앞이 캄캄하다.

지극히 정상적인 내 모습이 오래였다면, 왜 어느 날 갑자기 나는 착각하게 되어 버린 건지 알 수 없다. 나는 정상적인 내 모습이 이성인 줄로만 알았고, 비정상적인 내 모습은 그저 독특하고 아름다운 감성인 줄로만 알았었다.

내 세상 속에서 한 없이 아름답기만 한 내 가슴을 너무나도 사랑해서, 캄캄해져 버렸다.

꿈을 꾸면, 인생이 죽을 듯이 아까워 애틋하기만 하고
눈을 뜨면, 나는 곧 죽음을 생각한다.

며칠 전, 죽어야겠다는 생각으로 결심을 하게 되었는데 왜 그리 편안했는지 모르겠다.
아마도 죽음 앞에서 '어떻게 살아가야 할지...'에 대한 진중한 사유들이 낳았던 편안함이었을 것이다. 죽음에 대한 생각은 더 나은 삶으로 이끄는 '좋은 생각'이라 믿기에, 나는 평온하다.

그래서
나는 또 꿈을 꾼다.

누군가 그랬지.
왜 살아야 하는가에 의미를 둔 삶은 사는 것이 아니라고...
그저 욕망이 삶을 살아가게 하는 것이라고...

아무것도 알 수 가 없다.

그래.
그래서 나는
또 다시
꿈을 꿀 수 밖에...

Silent misty
2024
Mixed media
on canvas
96.5×130cm

20.

밤새 내리던 눈은 어디로 사라졌는지
비처럼 다른 아이가 되어 버렸나.

태풍처럼 불었던 바람은 그 뒤를 따르고 있다.
저기 맑은 하늘 아래에 눈이 내리고 있을 것만 같다.

내 눈 앞에 수평선 끝이 난간대에 걸려있다.

내 앉은 키가 더 작으면 아니, 더 커야 할까.
앉은 의자의 높이를 바꿔야 할까.
이미 그 자리에 선 난간대에게 내려갈래, 올라갈래. 할 수 없으니...
그러하다고 수평선에게 더 멀리, 더 가까이에...는 더 어찌 할 수 없으니...

그저 처음부터 밀려오던 바다는 수평선 끝에서 더 멀리 펼쳐져 있을테지만
바라보는 내 눈이 수평선을 만들어 그어 버린 것.

어제 올려놓았던 물감이 머언 저 끝, 수평선인 것처럼.

21.

물감이 캔버스를 찾게 하는 이 본능적인 미술인의 피.

그저 즐길 줄만 아는 이 뼛속까지 진한 미술인의 세포들..

내 모든 떨림과 두근거림들은

오직

가슴에서 오롯이 손 끝으로만 분출되기를...

22.

바닷가 산책을 했다.
산책이라기보다는 그저 바라보기.

이전에 마무리 하였던 작품 한 점이 스친다.
마치 연상을 미리 하였던 것처럼 소름이 돋는다.

이 곳 바다는 다른 바다와는 다른 색을 지녔다.
진남색에 가까운 짙푸른 색인 어비스 블루abyss blue 컬러로 시작되어 파생되고
선버스트sunburst* 스타일로 물결이 인다.

그 속에서 일어나는 색들은
베이스가 되고, 선이 되고, 결을 이루어
'바다'라는 이름을 가진다.

그 바다는
완성되어 내 품을 벗어난 작품으로
다시 온 것만 같았다.

깊이를 알 수 없어도

저 멀리
또 가까이
보이는 데로만 느끼는데

.

참으로 부드럽다.

.

집중했던 순간들은
잔잔했던 내 마음의 바다였던 것이다.

.

역시
그림 그리는 일은
아주 매혹적인 행위.
정신이 연결되어 교감하는 마음을
담을 수 있는
저 끝없이 펼쳐진
바다와의 접선.

무한한 세계를 담을 수 있는
매혹적인 너.

그림.

* 선버스트sunburst: 주변 짙은 색에서 중심 부분으로
갈수록 흐려지는 스타일

그저 바라본다 2022 Mixed media on canvas 162×130cm

23.

다시 살아간다는 것.
힘이 솟는다.

작고 커다란 마음가짐이 아니라
광활한 곳 비좁은 틈 하나를 선사받았다.

나는
무언가가 되기 위한 열망이 삶을 이끈다.

무언가를 남기지 않으려 한다면
거짓말 같은 마음인걸까

나는
무언가를 남기고 싶지 않아왔다.

때로는
홀로 슬퍼 그 처연함에 내가 불쌍해진다.

그런 불쌍한 나를 보며
또 슬퍼서 운다.

알 수 없는 무언가가
늘 나를 이끌어 왔고
그 불안하지만 나름 터득해온 안정감 덕에
살아올 수 있었다.

그 안정감은 본질적으로 내재된 불안을
이길 수 없다.
한꺼번에 나를 저 밑으로 잠식시켜버린다.

.

그림을 만나러 간다.

다시. 살아간다는 것.
온전히 즐겨야겠다.

이상하다.

슬픈데.
너무 행복하다...

작업의 시작은 늘 이러하다.

두근거린다. 설레인다. 흥분된다.
그림아.
너는 또 다른 나의 영혼이야.
오래 혼자 두어서 미안해.
만나면 더 많이 사랑할께.
.

내가 나인것처럼.
네가 나인것처럼.
내가 너인것처럼.

24.

멀리 움직일 수가 없다

.

너를 만난 것

오랜만이다.

25.

글을 쓰다보면 들키는 것이 많다.

마음은 평온한데 글씨체가 흥분되어 써내려가는 날에는
나는 결코 평온하지 않았다.
평온한 척 한것이었지.

지금도 평온한 척 하려는 마음을 숨기기 틀렸다.
들켜버렸다.

해가 저물어가고 있다.
애써 평온하려는 내 마음처럼 오늘의 낙조는 낮고, 평탄하며, 강렬하지 않다.

오랜만에 보는 화려하지 않은 장면에 조금은 괜찮아졌다.

그림과 사투를 벌이다가 글을 쓰면 글씨체가 내 마음을 대변해주는데
위로 받는 느낌이 든다.

늘 지는 낙조는 저리 아름다웠을텐데

그걸 보지 못했던 것.

특별한 찬란함과 미스터리한 풍광을 보면서
보는 것 같은 자각만 한 나를 돌아보니, 마음이 평온함에 더 가까워져간다.

숨 한번 더 내쉰다.

.

아, 이제 그림과 화해해볼까.
아니, 내가 늘 약자이니...
사과하러 가야겠다.

다시 잘 해보자며, 악수 청하면 그만이지. 뭐...

.

26.

예사롭지 않은 날
나의 예사롭지 않은 날
작품과 만난 날
오늘.

스카프를 둘렀다.

가을이다.
겨울이 곧 오려나 하는 가을.

그런 날인줄 알았는데
바람에 스카프는 순간 순간 날아오는데
공기는 언제쯤 스산해질까

하는 가을.의 날.

아.
커피향이 좋다.
가득한 이 향을 내내 머금을 수 있다면

얼마나 좋을까

지금 코끝이 가슴 같아서 몸이 사라졌다.

홀연히 흩어져버린 잡을 수 없는 향이
다시 몸으로 퍼져나가는 브라운그레이.

어느 부분이 모든 것을 말할 수 없게 되어버렸다.
2023 Mixed media on canvas 130×162cm

27.

나는 새로운 인생 속으로 들어갔다.
늘 관조하는 습관이
때로는 나를 더 나은 나로 만들어 주기도 한다.

들어왔다. 가 아닌
들어갔다. 는 것에서 잠시 생각을 한다.

멈춘다는 것. 또한
생각의 연속성을 의미하는데
이것은 마치 갈림길에서 결정을 해야 하는 순간처럼
나름 매우 진중한 순간이다.

'살아가면서 단 한가지를 선택해야 한다면...'
자주 사유해보는 내가 나에게로의 화두이다.

해답은 여전히 없다.
다만,
조금 더 진중한 삶으로 다가설 수 있다.

머릿 속 생각이 너무 많아서...

가슴으로 하는 말이 너무나 많아서...
일까.

나는 왜. 늘. 이리도 말을 많이 하는 것 같지...?

언어를 표출하는 순간
공허하지 않기 위함을
또 위하고 위해
내적 체화를 즐기고 사랑해 왔다.

내적 체화가 폭발되는 순간은
오로지 내 작업이기만을

이것은
나의 평생 소망...이다.

폭발되는 그 순간이
가장 정적이기를...

28.

어쩌자고 이런 날을...

'하나님이 세상을 사랑하사 독생자를 주셨으니..'

기도를 해야겠다.

바람이 불어 온다
체온은 다시 일도가 낮아졌다
심장은 터질 것 같이 고요하다
가슴은 숨이 차 죽을 것 같이 잔잔하다

사람은 쉽게 변하지 않는가 보다
그 사람이 가는 곳은 늘 변함없이 아름답다

축복이다

그렇게도 푸르던 하늘빛의 서정이
아름다운 그 어느 누군가의 애환의 빛으로 변해버렸다

적막한 거리의 스산함으로

회색의 잿빛 깊은 서정으로 덮였다

죽을 것 같던 나를 살려주는 것 같다
늘 극한이 무엇인지를 느끼게 해 준다
나만 그러한 걸까

유리창 바깥의 돌에 내 모습이 비친다
나는 매일 거울을 봤었는데
저 여인. 누구지...
얼굴이 작아졌다
눈이 멍한 것 같아 보이기도 하고
실연당한 여인 같기도 하다.
넋 나간 표정이지만
방금 전까지 무언가에 집중하던 눈빛 같기도 하다.

그 누구에게도 방해받고 싶지 않는 순간이 있다.

오늘 나는
그림들을 놓았다.

언제 놓아야 할지를 모르다가
한 순간 놓은 것 같아
마음이 이상하다.

아프다.

나가던 순간에는 기분이 좋았다.
꼭 인생의 마지막 순간이 있다면
그 순간이 정해져 있는 거라면
오늘인 것만 같았다.

오늘인 것만 같다.

여한 없는 순간들을 보내었다.

눈물이 난다.
내 속에 있던 그 모든 것들을
다 내 버려 버린 것만 같다.

한 그림을 놓을 때마다 이렇게 울 수는 없는데...
진짜 미치겠네...

아까 시작한 기도를 다시 시작해야겠다.

간절히. 조용히. 고요하게. 2022 Mixed media on canvas 162×130cm

29.

머리가 터질 것 같다.

가슴이 터질 것 같아야 하는데.

30.

이천이십일년의 봄은 분주했다.
그렇게 시작했던 봄이 가고, 쉼 없이 초여름을 맞이했고, 그 해 여름은 매일이 참으로 더웠다.
tertre 라는 두 번째 나의 공간이 그 해 가을 모습을 갖추어갔고, 이제 겨울이 왔다.
꿈만 같았던 세상 속으로 들어왔다.

내 커다란 가슴을 작은 글로 표현할 용기가 생기지 않아서 꾹꾹 눌렀던 마음에게 살그머니 인사 건네 본다. 역시, 바람이 불어온다.
저 머언 바다는 그 곳의 바다와 아주 다른 모습으로 자리해 있으며 하늘이 아주 넓어져 있다.

모든 바람의 결이 눈 앞에서 펼쳐진다.
흔들리는 나무들은 정적이지 못하는 내 가슴과 같다.
애써 차분하려 하는 나를 깨워준다.

눈이 거세게 휘날리는데도 아직은 때가 아니 왔나보다.
내려앉기 무섭게 다시 그 자취를 감추어 버리는 눈이 그립다.

- 작업에 대하여. 그 마음을 기다리며.

31.

잃어버린 내 정체성.

살아 온 날의 사분의 일.
서 있어야 할 위치를 잃었다.

선택으로 버린 것.
선택으로 가진 것.

자연스럽게 잃어버린 땅바닥 위 내 두 발.

걸음으로 인생을 살아 온 나여서 인가.

바닥에 닿지 못하는 발걸음은
자유의 걸음이었는데

어느 날
내 발을 보니
길을 잃고 서 있을 곳도 잃어
다른 맨발 둘이 그저 걷는 척하고 있다.
그것도 아주 열심히

착각한 채.

참.
어이없음.

또. 왜.

어찌되었든
확실한 것은

여전히
바닥에는 닿지 않는다는 것.

닿지도 않은 땅바닥 위 내 두 발. 이라는 ... 것.

전부 다 떴어. 닿는 건 없어.
아니야.
엉덩이가 의자에 닿았잖아.

참.
확실하군.
너는 잃어버린 것 맞구나.

진정
나만의 내가 되어 갈수록

나는
나를 잃어만 가고 있었나보다

모르는 것이 많아서 떠도는...
2023 Mixed media on canvas 130×162cm

32.

정리가 되질 않는다.

한꺼번에 그리운 세상에 대한 갈망을 던져주듯 때리니...

준비 없던 나는 아주 고고히 안절부절이다.

미칠 것 같다.
잊지 못할 것 같다.

몇 년의 힘듦이 눈 녹듯 사라지고
지금의 내 작업이 그대로 내 곁에 있어주고

해서 나는 다시 나아갈 수 있을 것 같다.

직전에 고꾸라져 쳐박혔었는데
아직 그 혹이 사라지지 않았는데
그대로 더 예쁘게 일어설 수 있게 해 주다니...

아. 살아간다는 것이 무엇인지 더 모르게 된
행복한 세상은

지금 나에게로 와 있다.

어떻게 다 담을 수 있겠니.
다 담아진다면 그것이 역행과도 같은 거짓일텐데...

그래서 정리가 되질 않는다.

참으로 행복한 산만함, 이라고 그저 웃는다.

33.

바람이 분다.
햇살은 강한데 바람이 시원하다.

따뜻한 바람보다는 시원한 아니. 차가운 아니. 시린 바람이 바람답다.

너도 많은 모습을 품고 있다는 것이 닮았다.
따뜻한 라떼가 미적지근하여 맛이 없어 뜨겁게 데웠다.

작업실 바닥을 쓸고 나니,
땀이 맺혀 이제 여름이구나 싶은데 뜨거운 라떼는 아직 겨울.

몸과 정신이 따로 놀 때,
나의 열망은 커져간다는 착각.

이제는 다시 걸어야 할 때. 라는 것이 이전보다 조금 더 작아진 내 몸처럼 작지 않기를.
가슴의 공간이 넓어지고 깊어져서 내 놓아준 것이기를.

어리석은 나의 지나간 시간들과 나에게 손을 내밀어 용서를 구하며.

34.

마지막 순간을 맞이해본다.

늘 변하지 않는 하나.

책무를 다해야만 할 것 같은 것.

단. 하나.
자유롭게 살되, 최대한 건강한 신체를 남기는 것.

나의 유작이 무엇. 어떠한 작품이 되면 좋을까.
라는 화두가 인도한다.

나의 그림은 작품.이라는 하나의 것.이면
충분하다.

진정한 나의 유작은 나의 시신으로의 남김.이다.

잘난 것 하나 없는. 보잘 것 그 또한 한끗도 없을.
그러하나,
일말의 나의 신념을 남겨보는 것.

그것이 나의 레어한 작품. 유작이 되기를 소망한다.

반성한다.
깊이 반성해본다.
뻔지르한 인간이 되고 싶지 않아 말을 아낀다.

정신이 복잡하고, 내면의 말이 많다.
내 머리. 내 심장을 관통해서 죽기를 바란다.

정확하게 중심.이 관통되어지는 상상을 하고,
희망한다.

현전의 나는 과거로부터도 아니고
미래를 위함도 아닐 것이며
시간의 흐름조차도 거스르는
느끼지 못할. 느낄 수 없을.

그 찰나에 관통되어 질 수 있다면
얼마나. 행복할까...

아.
다시 산다면.
지금.

내 여긴 어딜까.

나의 작지만 커다란 열망이
내 온 몸, 온 맘, 모두모두 싸그리 불태워
영혼까지 한줌의 재로 남아준다면...

나의 수 많은 세상에서 행복했다.

.

미치겠다.
너무 특별해서.
왜 이토록 모든 것이.

어느 날부터

모든 것을

말할 수 없게

되어 버렸다

나의 사소한 슬픔
2023 Mixed media on canvas 130×162cm

35.

어두움이 내려앉고
형광등 불빛 아래에서 작업에 더 집중이 잘되는 탓인지
하루의 시간이 더 짧아졌다.

생각을 하고
또 하여도
변하지 못한다는 것이 무엇인지 알 수 없다.

어제 하였던 밑작업이 탄탄하게 잘 말라야 하기에
오늘 낮에는 마음은 평안했다.

아직도 머리가 무겁다.
사랑함이 모자라졌다.

생각이 들어
생각이 무엇인지
생각을 하고
혼란이 오는 고통.

이제, 어제의 밑작업이 탄탄히 굳었다.

여름이 되어오니 밤의 시간이 짧아 고통스럽지만, 작업의 과정은 빨라져서 좋다.
물론 매체가 어떤 작용을 하든, 작업 과정의 일부일 뿐이지만...

아. 여기에서 또 일어났다.
가슴이 가리키는 것.

그것이 그림이잖아.

36.

Gray Praise

결국은 온전한 회색으로 드러나다.

나는 보이지 않던 길을 걸었다.
결국 마지막 지점에서 소리 없이 정리가 되어 그 길의 여정에 서사를 부여해주었다.
기적 같은 일이 늘 일어난다.
다시 새로운 작업이 그 서사를 이어갈 것이라는 것을 알고 있다.
보여지는 것이 새로울지는 모르나.
내면에 작품에 스며있고 서려있는 기운은 온전히 같은 것이 늘 어려운 숙제이다.

시작하면서 소망하던
마무리하면서 경험하는

그래서 지금
다시 다른 두근거림을 선사받은

감사하다.
내가 나이어서. 눈물겹도록 감사하다.

비를 맞으며 아팠는데
고맙게도 회색으로 달래주네

... Gray Praise

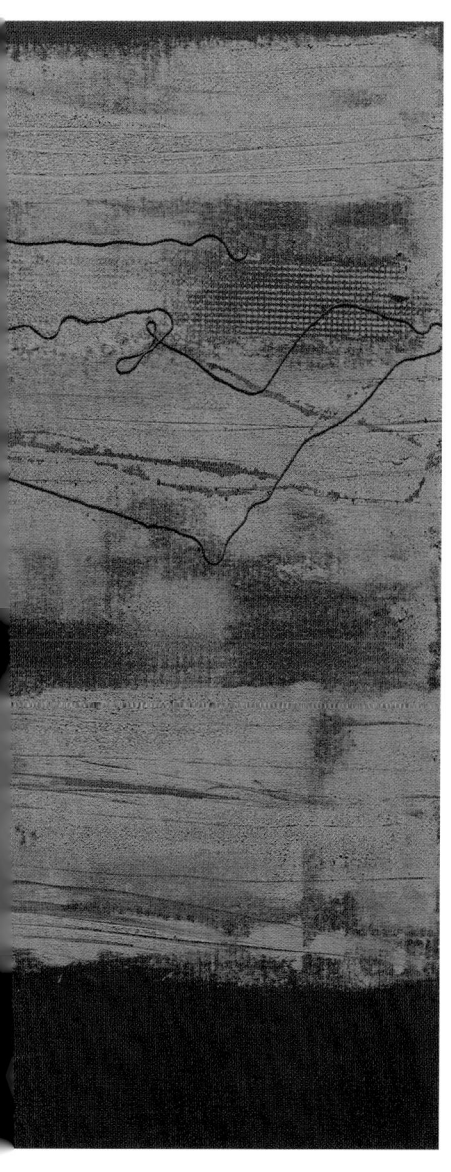

37.

잠을 못 잤는데도
청아한 공기와 눈부신 빛과
짙은 풀냄새 실은 바람이
평생 깨어 있을 수 있다는 생각.

정신이 육체를 지배하는 순간.

이 곳은
나를 이러하게 만들어 주는 곳.

내 작업실.

부서질 수 밖에 없는...
2023 Mixed media on canvas 72.5×90.5cm

38.

무심하게도 시간이 흘러버렸다.
무심하게도 나는 시간을 보내버렸다.

왜 이리 아쉬운지
나의 모든 한 순간, 한 순간들의 시간들이...

슬프게 보내주지 말아야지.
행복하게 보내어 주어야지.
후회하는 시간들이 온다면 슬퍼지겠지...

감성적인 그림을 그리고
이성적인 내가 만들어지도록
깊이
깊게
사유해야지.

.

어디서 이렇게 카라멜 향이 나는지
기분이 좋다.

향기 하나로도
기분은
이렇게 좋아질 수 있다.

행복은 멀리 있지 않다.
행복을 느끼는 것은 그리 어려운 일이 아니다.

좋은 향기 하나로
아름다운 음악 한 곡으로
커피 한잔으로
펜과 종이 한 장으로

이렇게 글을 쓰는 것만으로도
회색 하늘을 보는 것만으로도

행복하다.

39.

The Scenery in a Painting

밝고 어둠의 극명한 대비.
극적인 장면 속 공허함을 안은 공간.
단절된 영혼의 인형 같은 사람들.

도착한 곳.
돌아갈 곳.

나는 어떻게 이 삶을 사랑할 것인가...?

다시 몸으로 퍼져나가는... 2022 Mixed media on canvas 162×112cm

40.

앙상한 나무가지가 서 있다.
가만히 바라본다.

보고 있노라면
고독하다.

고독을 느끼면
물에 잠기는 듯 하다.
하늘을 나는 것 같다.
다른 세상을 걷고 또 걷고 있는 듯 하다.
.

무엇이 시각적 표현의. 즉 그림 속 영감이 되고 있는지.
참 많이도 변하고 있다...

지금은 새벽 네시.
내리는 빗소리가 나를 모래밭으로 이끈다.

모래바닥에서 올라오는 .
발바닥으로 전해오는 .

차가운 기운.
그 느낌.

발가락 사이 사이로 비집고 올라오는 모래 알갱이들.
역시.
그 느낌.

비의 소리가 좋다. 미칠 듯이 좋다.

41.

붓을 놓았다.

하얀 눈처럼 하얀 눈물이 앞을 가려서
밖을 보았는데
하얀 눈이 세상을 덮어가고 있다.

이내 바래본다.
내 하얀 눈물이 나를 덮어가기를...
밖의 저 세상처럼...

소망하고 열망하는 한 가지.

모든 것을 뒤엎고, 뒤덮어 주기를...

부디
짧게 멈추지 않고, 오래토록 서성여 주기를...

.

간절히 조용히 마음을 전해본다.
그림을 바라보며.

42.

내 소중한 것.

당신의 소중한 것에 대하여 타인의 공감과 중함이 필요한가.
당신의 소중한 것이 무엇으로부터의 소중함인가.

잘 생각해보라.
나의 소중한 것이 나로부터 비롯된 것이었으나,
어느 순간. 타인으로부터 귀결되지는 않았는지...

소중한 것의 변색됨이 슬퍼서
나는 색을 덮다가, 완전히 가려버림으로써
숨을 쉰다.

그렇게라도
살아간다.

- 그림으로 살아가는 노래를 흔적이라고 남길 수 밖에 없는 애잔한 화가의 독백

작업실......

．

．

．

．

．

．

더 이상 비워낼 것이 없다

자유롭게. 그러나, 2023 Mixed media on canvas 90.5×64.5cm

43.

'나는 어떻게 이 삶을 살아갈 것인가?'
'나는 어떠하게 이 삶을 사랑할 것인가?'

무엇이 다른지 생각해 봤다.

어느덧 마흔을 훌쩍 넘긴 내 자리에서 다가올지도 몰랐었던 오늘이 자연스러운 날이 아니라,
툭 던져진 그리고 툭 떨어진 내 자리가 생소하고 낯설다... 느꼈다.

불안이 시작되는 또 다른 시점이다.
불안이 불안정함을 뜻하는 것이 아니라는 것을 알게 되었기에 힘듦이 아니라는 것은 뛰어넘은 지 오래고, 드물게 또는 아주 잦게 느끼고 경험하는 나로서는 그저 이 불안은 또 다른 사유의 시작일 뿐이라는 앎으로 자연스럽게 유유히 받아들인다.

그러나, 여전히 늘 긴장함의 연속 그 확장을 놓을 수는 없다.
왜냐하면 결과론적으로는 해답이 없고, 같을 수도 있지만 또 다른 세상을 만나는 일이기 때문에 그러할 수 밖에 없다. 단순한 호기심이라고 치부하기에는 나는 내가 너무나 어렵고 진지해지고 있으

니. 늘 불안함과 함께일 수 밖에.
그 또한 또 다른 언덕을 그 위를 바라보며 시작하곤 한다. 오르다가 내려오는 일은 없었지만 오르고 난 후 내려오기도 하기 때문에, 혼자 매우 아주 진중하게 호흡을 가다듬을 수 밖에 없다.

생산적이지 못한 이 모든 것들의 시간과 에너지는 결코 소모적이지 않기 때문에도 그러하고 더 풍부한 내 속의 공간을 선물 받았다. 그렇게 자리하는 또 다른 세상의 공간은 내적으로 체화되어가고, 그 지점마다 동일할 수도 있는 새로운 작품으로 발현되어진다. 손 끝에서 부터의 변모가 아닌 내적 체화로부터의 변모가 작품으로 이어졌을 때에 비로소 그 무언가가 보여지게 되며 설명되어지지 않을, 설명할 수 없는, 설명하고 싶지 않는, 공간에 오롯이 놓여지게 된다.

실존하는 그 시점부터 막연히 시작되는 우리의 모든 것들에 대해 나는 그리고 우리는 그저 그러하게 눈부시고 텅 빈 공간으로 떨어져 버렸다.

걷는

우아한 그 바람
2024 Mixed media on canvas 130×162cm

44.

기도가 나에게서 멀어졌다.

기도라는 것. 멀어졌다.

멀어진. 기.도.

기도라는 것이 나에게서 떠나갔다.

기도라는 것이 나에게서 멀어졌다.

너에게도 바람이 불어오길 바래.

.

지금 나의 바람이 불어오고 있는 곳.

피렌체 작은 산타 마르게리타 성당의 바람.
단테의 베아트리체가 묻혀있는 곳의 바람.

그들이 살아갔던 그 날의 바람은 어떠한 바람이었을까…

45.

1.
그리던 세상 속으로 들어왔다는 것이
현실이라는 것이
내 눈 앞에 펼쳐지고 있다는 것이
계속 계속 하얀 이 세상이
나에게로 왔다는 것이
내가 가야만 할 것 같았던
그러나, 갈 수 없었던 그 하얀 세상이
기척도 없이, 이렇게 할 순간에
너무 한순간에
이렇게 와 주었다.

그 나라, 어디였을까.
그 곳, 어디였을까.

있기는 할까.

가지 못하는 내가
진정 가려 마음먹고
언젠가는 간다 하면

갈 수는 있을까

있기는 할까.

2.
나는 늘 두렵고, 아득했다.

눈 부시고 텅 빈 곳이 없을지도 모른다는
작은 생각이 슬펐고, 아팠다.

그렇게 아파하던 나를 어루만져 주고 싶었는데
모를 일이었다.

내가 뭐라고
생각한대로 살아지는 것이라고 믿었던
어린 날의 나는 없었다.

사라진다는 것을 알아채지도 못한 어른이
되어버렸고
더 작은 어른은
더 커다랗었던 어린 날을
잊어버렸다.

모자란 것을 채우는 일은 쉬웠지만
잃어버린 것을 찾는 일은 어려웠다.

잊어버린 것 역시
다시 알 수 있는 것 또한
힘겨운 일이 되어 있었다.

얕은 감정과 생각들이 깊은 줄로 착각하던 순간에
나의 신념은 무너진 것이었다.

나를 망쳐가는 줄도 모르고
그렇게 깊어져 가는 줄로만 알게 되었던
그 생각들...

무엇이 내 마음을 가난하게 이끌었었을까

무엇이 나를 잃어가게 했었을까

자꾸만 자꾸만
아파하게 했었을까

나는 왜 그리도 아파졌었을까...

작고, 까만 새가 눈을 피해 테이블 밑으로 와 앉았다.
그래, 피해가. 쉬어가.
잠시 머물지 말고, 한참을 앉아 쉬었다 가.

3.
바람이 시작되었고, 그 속에서 작은 눈들은 세상을 뒤덮었다.
온통 그렇게 하얀 세상은 늘 그리워만 하던 세상이다.
꿈 같이...

아니, 꿈 속에서도 만날 수 없었던, 세상.
본 적도 없고
가 보지도 못했는데
하염없이 그리웠던 세상...

알 수 없기에 닿지 못하는 애절함이
얼마나 시렸는지 모른다.
얼마나 간절했었는지 모른다.

아, 여기였구나...
아무런 기대, 준비, 예상, 작은 하나의 인기척도 보내 주지 않고

나약한 우리를 위로해 주소서 2023 *Mixed media on canvas* 130×195cm

딱 한 순간에 이렇게 나타나 주다니...

꼭 새롭게 태어는 듯 하다.
이 하얀 세상 속에서...
지금 이렇게, 다시 태어나는 듯 하다.

진정, 눈 부시고 텅 빈 세상으로 떨어진 듯 하다.
갈망하던 세계와 만났다.

4.
흐리기만 한 무언의 회색의 날은
뼈는 더 굳어가게 하고
살들은 떨어져 나가게 한다.

소리가 들리고, 음악이 들린다.
하얀 세상으로 변해가는 소리, 음악이다.

내 모든 것을 위로했다.

모든 것이 연결되어 압도되어가고 있다.

화려한 색 하나 없이, 광활한 세상이 펼쳐졌고
작은 말소리 없이, 무언의 울림이 내려 앉았고
텅 비어버렸다.

홀로 되어진 세상을
나만 떨어뜨려준 것은
직전에 행복이었던 것이 불행으로 변질되어 버린 것을 알게 된
절망에게
새로운 마음을 주노라...
하는 것 같다.

또 직전에 펑펑 울었던 가슴에게
그것은 눈물일 뿐이라고
펑펑 눈을 내려주는 것 같다.

이렇게 계속 계속 하얗게 되어버린 설국에 내가 놓여진 것을
어떠한 방법으로도 대신할 수 없으며
나는 오늘을
그리고 지금을
여기에 놓여지기 위해, 살아왔나 보다... 싶다.

46.

오늘 하루의 시작은
새들이 노래함과 동시에 시작되었다.

소리로 깨워진 감각이 지배하는
오늘 하루는
또 어떠한 감각의 밤을 맞이하게 할까.

.

죽기 전에
온갖 감각을 느껴보는 것

.

나의 숙제.

영혼을 위해 덮었던 너... 2022 Mixed media on canvas 162×130cm

47.

사람이 그 흔적을 남긴다는 것의 의미.
과연 그 의미는 무엇일까...

생각하지 않고는 살 수가 없다.
그 생각이 무엇을 낳을지도 예상하지 않음은
사유 속의 자유로움을 선사해 준다.

그 속에서의 나의 세계는 무한하다.

그 누구도 상상할 수 없으며,
침범할 수도 없다.

그야말로 그것은
스스로 선택한 고립된 고독인 것이다.

.

요즘
죽음에 대해 사유하는 시간이 늘어났다.

죽는다는 것이 두렵다는 것은
현재 살고 있다는 것에 대한 두려움이다.

죽음은
아직 다가오기 전이고,
아직 일어나지 않은 일임에도 불구하고
우리는 왜 두려워하고 있을까.

정작 죽음이 다가오는 순간에는
그 죽음을 알 수 없게 된다.

알 수 없고, 느낄 수 없는 일을
미리 두려워한다는 것은
현재로 인한 두려움이 낳는 불안한 감정일 뿐이다.

죽음은
죽기 이전의 자는 알 수 없으며
죽음을 맞이한 자 역시 느낄 수 없으며
죽은 자는 당연히 알 수도, 느낄 수도 없을 것이다.

호흡하고 있는 자 역시
맞이하지 않은 죽음을
그 두려움으로 예상만 할 뿐

전혀 알 수도, 느낄 수도 없는 것이다.

즉, 선결 문제 요구의 오류.
그 오류로 인해 복잡한 생각들로 어지럽혀지는 정신이 불쌍할 뿐이다.

.

그 무엇을 생각하던지
오류로 인한 착각이라 할지라도
자유로운 내 정신세계를 침범하지 말라.

더 우아하게 2022 Mixed media on canvas 53×40.5cm

48.

나는 술을 잘 마시지 못한다.

그런데
포근한 집에서 시원한 맥주가 몸에 퍼져 나가는 시간을 기다려지는 때가 있다.

그 때가 되면
오늘을 잘 해낸 것이니까...

그 때의
맥주 한잔의 의미는
나에게 그러한 것이니까...

나만 아는 비밀.
말 할 수 없는 비밀.

그 비밀은 내가 나에게 주는 칭찬.

.

사소한 것에 커다란 기쁨과 설레임을 느끼는 내가 바보 같다가도 잘 마른 그림 위에 새 옷을 입힐 수 있다는 화면에서 이것을 감출 길 없다.

아.
오늘도 잘해 낸 것 같다.
포근한 집에서 시원한 맥주 한잔이 생각나는 걸로 봐서는...

49.

달의 광대함은 고요했다.

작은 별빛은 살아났고
이를 증명하듯이 화려했다.

아주 작게 움직이는 빛은 그 자리에서 멈춰졌다.

바람이 불어왔다.

눈으로 느껴왔던 고요한 광대함도
선명하게 반짝이던 그 빛도
살결에 와 닿는 너를 이기지 못했다.

나의 밤이 살아나는 순간이었다.
불어오던 바람이 단 한순간에 그 모든 것들을
이겨버린 밤.

감각을 깨우던 밤에. 나는 다시 살아있음을
처음 고백처럼

느낀다면

너는 무엇이건데...
굴복하고 만다.

이 바람이 담고 있는 것.

.

너에게도 불어오길 바래.

잠들지 못하는 내 영혼이 깜깜한 밤에
내려오는 새하얀 눈 같아서 다시 살아가야겠다.

어제
죽음을 선택한 한 인간의 살아있었음에
한 없이 울었던 이유를
찾지 못한 채 ...

꼿꼿이 서서. 그러나 휘청거리며.

50.

영혼이 지니는 의미.
곧, 육체가 가지는 의미에 대한 생각으로 이어진다.

영혼을 정신과 사유와 다듬기로 만들어가는 것이라면, 그 형성됨의 결정체는 소리없는 내밀한 자아가 되어진다.
그렇다면
육체가 가지는 의미를 내 작업에서 풀어볼 수도 있겠다는 생각을 한다.

언어와 글은 때로는 아주 많은 것들을 필요로 하지 않는다. '말이 많다. 글이 장황하다.'는 것들을 배제 시켰을 때에. 아주 짧고도 간략한 것들이 내포하고 있는 것이 큰 힘을 더 잘 설명할 수 있다. 은유와 함축적 의미를 가진 내밀한 언어의 형성. 나는 그 언어를 육체가 가진 의미의 행위에 담고 싶다. 넓게 펼쳐진 작업의 세계에 행하여질 응축된 육체의 그것은 아주 많은 노력이 필요하다는 것을 안다.

마치, 겨울의 평온함 속에 작은 햇빛이 내려온 그 조그만한 공간의 불안처럼...

호흡을 가다듬는다.

숨을 고른다.

심장을 가라앉힌다.

절대적 안정이 절대적 불안과 미친 듯 교차한다.

감각의 세포들을 극한으로 회생시키기 위한 나만의 방법.

51.

내가 죽어 누워 있을 때

.

내 손이
예뻤으면

내 발이
예뻤으면

.

좋겠네...

52.

몇 날 동안 그림을 하지 못한 내 팔과 손은 장작처럼 딱딱해졌고 가슴은 야속하게만 보이는 봄의 꽃들이 내려앉았다.

봄이 오는 소리
시끄럽고 불안하다.

밝은 시간이 많아지고
사람들도 많아졌다.

친하지는 않지만
염치도 없지만
봄바람이라는 것이 있다던데

그 바람.

내게 불어오는 바람은
아니지만
슬며시 얹혀져 볼까.

창문을 열지 못하겠다.
내 차가운 방 안으로, 봄 바람이 들어올까봐.

53.

작업실 위에서 아래를 멍하게 보고 있었다.

.

신호등이 바뀌었나보다.

달려오던 차들이 일제히 멈추어 섰다.

서 있던 사람들이 모두 발걸음을 내딛었다.

동적인 주체가 바뀌는 순간, 세상의 얼굴이 바뀌어 버렸다.

신기하다.

규칙 속에서 변화한 한 순간의 저 희한한 광경이.

고고히 안절부절한 2021 Mixed media on canvas 162×130cm

54.

긴 호흡을 해 본다.

하늘을 향해 질주하는 바퀴의 진동이
내 몸 구석구석을 깨우듯 파동이 깊게 일어나고 있다.
마치 생방송을 하는 것 같다.
그 곳에 놓여져 본 적은 없으나,
경험한 것만 같은 이 묘한 기분. 느낌.

무언가를 어떻게라도 설명해야 한다면,
해체해야 겠다는 다짐이 선행된다.

모두 모아서 소중한.
모두 모여서 귀중한.

그러나,
모두 흩어져서 특별해지는...

즉,
모든 것들이 흩어져 널부러 졌을 때에.
평온해 질 것만 같은

얄궂은 믿음.

그 믿음이 나의 신념을 만들어가는데
기여했다.

부정할 수 없는 나의 신념의 그것은
하나이지 않아서 특별하게 여겨지는 해체.

그러나,
단일된 해체. 이기 때문에
언제든지 마음먹기에 따라서 나는
정적이기도, 망나니가 되기도 한다.

나는 나를 부러워한다.
이럴때에 저럴때에. 반대편에 있는 내가 나를.
나에게 묻고, 나에게 답하면서
단일된 해체와 해체의 단일화를 굳건히 다져간다.

.

하늘 위에 있다.
파동은 사라졌지만, 여동이 남아
잔재함이 여건하다.

55.

알았다.
나는 옆은 못 보고 앞만 보고 있다는 것을.
커피를 두 손에 꼭 쥐고 앞만 보고 있다는 것을.

아무런 움직임이 없다.

눈동자만 그 안에서 이 곳. 저 곳을 보고 있었다.
몸이 굳어버렸다.
목이 목각인형 같다.
조각 같기도 하다.
피만 돌고 있나보다.
체온도 낮다.
뼈에 피부가 달라붙었고
그 어떤 틈도 없는 것만 같다.

걸을 때만 해도 괜찮았었는데.
아니었나보다.

그 때는 다리만 움직였나.
생각한대로 꼭 필요하다 싶은 곳만 반응을 한다.

어쩌란 말이냐.

어느 날.
홀연히...
떠나고 싶다는 오래된 갈구함을.
지웠다가 눌렀다가 잊어 보려하다가

다시 제자리로 올 때면
그 전보다 더 한 병에 걸려 돌아 오곤했다.

보듬지 않을 수 없어
다시 꼭 안아주었다.

언제쯤이면 괜찮아질까...
아니
괜찮아지기는 할까...

조금. 아주 조금만이라도
나아지는 순간이 올까...
오기는 할까......

정신이 쇠약하고. 마음을 잡지 못하는 것.
고질병처럼.

천고의 운명이 내 운명이라면..

철저하고

처절한

이방인으로 살고 싶다...

답답하다.

알지 못하고. 알 수도 없는...

내 이 고독.

진저리 나도록 삼키고 삼켜왔는데...

아무 소용이 없었다니...........

56.

어딘가

세상과 거리를 둔 여성의 모습으로

방랑자와 같은

또는

이방인 같은

무언가가 되기 위함이 아닌

나 자신이 살아가는 인생.

그 것에 그저

나의 존재 가치를 두고 싶을 뿐이다 .

.

작가의 삶 속에 내가 있고 싶을 뿐.

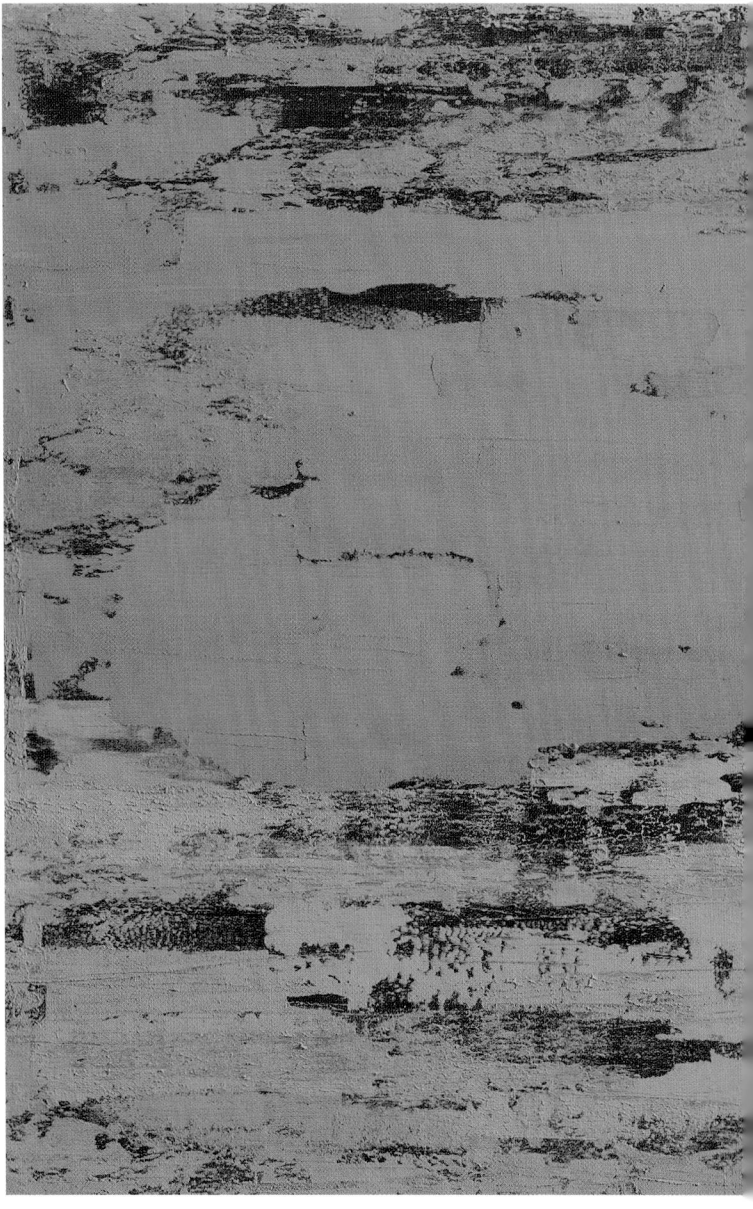

눈부시고 텅 빈 공간으로.. 떨어졌다... 2019 Mixed media on canvas 162×224cm

57.

심장이 두근거린다.

정제되지 못한 머리는 가슴을 거치지 못하였다.

.

모든 것은 나에게서 비롯되었다.

홀로 걸어가야 하는 것이 인간이 살아가는데 유일한 힘을 부여 받는 방법이라 생각했다.

그 홀로에서는 처절한 외로움이 아니었다.
깊은 심연 속 고독이 아니었다.

무엇을 보았을 때에 낯선 것.
그것을 받아들이기까지, 또 익숙해질 때까지, 다시 당연하여 결국 무념무상이 될 때까지.
우리의 인식 속에서는 마치 날 때부터 그러하였던 것으로 자리하였다.

이상했다.
그저 그러하다 생각하다가도 세상이 무엇인지에 대해, 인간의 존재는 어디로부터인지에 대해.
다시 생각하고 있었다.

다른 생각이 나를 이끌어 왔는지 모른다.
오늘, 밤이 되면 어제와 같은 어두움이 내릴까.

이상하지 않다는 것을
이해하지 못하다는 것을
알지 못하다는 것을
보편적으로 그러하다는 것으로 여기기에는, 알 수 없는 열망이 내 가슴을 움직인다.

존재하는 시점에서 출발하여
부여받은 크고 작은 감정들을 오롯이 받아들여질 때에
인간이 되어가는 것이라 생각했다.

그 감정은 새로운 세상을 열어주고, 그 세상 속에서 우리는 특별해져 간다 믿었다.
터질 것 같은 아득한 열망으로 나의 공간을 만들어간다 믿었다.
이어서 우리의 공간이 되었으면 바래왔다.

그 공간을 품은 인간이 보였다.

다시 제자리로 돌아왔다.
그러나, 절망적이지 않다.
제자리로 돌아온다는 것은
어떠한 형태로라도 또 아주 작게라도 내재되어 다시. 돌아왔다는 것임을...
수 없이 경험했으므로.

품고 품으면 부풀어 오르고
누르고 누르면 더 낮아져간다.
그 곳이 우리의 공간이 되었으면 좋겠다.

그 공간을 품은 인간이 우리이기를 열망한다.

너무나 다른 우리는 무엇으로도 설명되지 못할 가슴을 품고 살아간다.

가슴이 가리키는 것.

추상적인. 너무나 추상적인.
인간의 가슴은 그 지배에 의해 걸어가고 있다.

.

심장이 두근두근 거린다.

정제되지 못하는 머리는 가슴을 거치지 못하였다.
는 증거이다.

그리하여
내 그림은 회색으로 돌아가려한다.

언젠가 했었던 그 생각이 다시 돌아온건지도 모르겠다.

유일하게 유행을 타지 않는 클래식한 너.
Gray.

이미 지나가 버린 과거는 전설적인 시대의 감성이 깃들어 있다.
생생한 현재에는 온전한 시대가 감성을 지배한다.
보이지 않는 미래의 날들에도 네가 감성을 건드리겠지.

너는 유일하게... 클래식하니까.
.

시간이 흐르고 있어서 애.틋.하.다.

58.

갈구함.
심한 거지의 행색을 한 표면적인 인간의 옷.

때로는 그 옷조차 거추장스러워
벗어던지고 싶다.

아무것도 남지 않는다면
더 본질에 가까운 무언가가 다가오겠지.

반복하다보면
어렴풋이나마 알고 떠나겠지.

어차피 벗어던져버렸던 것들은
영혼을 위해 덮어었던 것.
그것에 불과하니까.

59.

우리는

그저

살아가고 있음을...

.

우리는

어디에

놓여진 걸까...

여전히 머물러 있어서...
2019 Mixed media on canvas 93×195cm

60.

misty

짙게 서린 세상이 나에게로 왔다.

그 세상 속으로 들어갔다 나오는 데에는 시간이 꽤 걸린다.

천천히
천천히
걸어 본다.

고요히
받아들일 수 있도록

.

느껴지는 것 하나.

.

아름답다

그 세상.

61.

어차피 모르고 살아가고 있으므로
온전하게 이해하는 것을 방해한다.

죽을 때까지 주어진 의문은
다하지 못할 숙제로 남을것이며
온전한 이해를 위한 작품은 입만 아프고
손도 아프고 정신만 복잡해진다.

깊은 사유나 얕은 사고 또한 각자의 시선에서
출발하여 그저 선택하고 그 선택은 무의식적인 결정권자가 될 뿐이다.

작가 역시 본인 작품의 해석을 위해
형식을 만들고 창조적 과정. 그 노력을 언어나 글 .작가노트로 설명하고 있다.

온전하게 이해하는 것을 방해하는 것 또한
의도적인 생각에서 비롯되었다.

아무것도 없음이 절대 될 수 없다면

아무것도 모름이
너무나 많이 알아서라면

조금은 내가 의도했다는 것.
그 의도함으로부터 편안해진다.

그래.
나는.

어차피 모르고 살아가고 있으므로
온전하게 이해하는 것을 방해하기로 했다.

.

어느 날
기억을 다 잃어서 전혀 아무것도. 정말 아무것도 모를 때에 온전해지는 것일지 모르겠다는 미친 생각이 드는 것은 아마도 봄이 오는 저 소리 때문.

62.

저녁 해가 저물어간다.

땅의 기운이 점점 세상을 물들게 하는 시간

저녁의 시간

.

이 시간은

모든 색채가 살아나는 시간

그리고

내 세포를 모두 회귀하게 하는 시간이다.

미안하지만... 사랑해 2019 Mixed media on canvas 54×270cm

63.

언어는 고귀하지만 도구에 지나지 않는다는 생각을 한 지 오래되었다.

작가만의 고유한 언어가 있어야만
작품에 내재시킬 수 있는 힘이 있다고 생각했다.

작품에 내재시킬 그 고유한 언어는
생각에서 비롯하여 언어 또는 글이 되고
그 언어 또는 글을 체화시켜 비로소
터트려지는 공간이 작품이 된다.

체화시키기까지는 숭고의 미를 닮아가기 위한
고되고 아름다운 과정이 있다.

이때의 숭고의 미는 결코 아름다운 미적 관점의 미가 아니다.

당신은 누구입니까…?
나를 아십니까…?

인간 속에서

그 육체 안에서
솟아나오려는 영혼을 느껴야 한다.

온전히 그 영혼이 정신까지 되돌아 다시 섭렵당해야 시작 되어진다.
후렴구가 없는 음악 속에서 엔딩 지점에 문득 평온함이 느껴졌을 때에, 부드럽고 강인한 힘에 내 마음을 전부 쏟아부은 듯 할 때가 있다.

대비하지 못한 불안정함이
모르고 있었기 때문에 그토록 안정적이었는지도
모를 일이었다.

지나고 나서야
돌이켜보고 나서야
알게 되는 것 또한 전부가 아닌 일부일텐데

나의 레이어는 가리고 가리는 것 보다는
적당히 얼버무려 가려야 그 완전체에서 안정되어간다.

이쯤에서 또 드는 생각.

당신은 누구입니까...?

나는 누구에요...?

추상적인 너무나 추상적인 인간에게서
향기가 난다.
알 수 없는 향기가 난다.

아무것도 가늠하지 못하여
포기한 것이 아니라는 소망하나 가슴에 품고
매번 다른 세상 속에서 작품에 들어간다.

하나이지 못하는 작품은
하나일 수 없는 인간의 추상성과 같을 것이며
막연하기만 하는 나의 작품 속 세상은 언제 어디에서 어떻게 끝날지 모르겠다.

크게 한숨을 내쉬어도 답답할때는
저 저기. 저기에서 떠돈다.
조금은 나아지고
어쩌면 집나간 내 영혼이 온전히 정신으로 회귀하는 여정일지도 모른다는 믿음이 오늘도 가슴 미칠 것 같은 열망으로 가득 채워진다.

오늘 아침,

카.푸.치.노.완.벽.했.다.

64.

한 시간을 그림 앞에 서 있었다.

모자란 것이 무엇일까. 생각하고 있던 나는 다시 태어났다.
어리석게 산다는 것을 잘 알고 있어서 늘 슬펐다.
많은 자아가 한 몸둥이를 감당하기에 어려워서 내 몸은 늘 아팠다.
단전에서 나오는 힘은 사라진지 오래였다.
가슴에서 솟아나오던 것들이 몸을 지배하지 못할 때에는 그저 죽고 싶었다.
사랑하는 것들이 많아서 잃어버리고
모르는 것이 많아서 떠돌았다.

난 아직 모르는 것이 많다.
죽지 않고 시들지 못하여 그저 그렇게 살아간다는 것에 대해 아프기만 했다.

그런데 다시 태어난 것 같은 기분이 들기 시작했다는 것...
참 오랜 시간 견뎌왔구나.
아니 끝어내지 못하고, 나를 죽여왔구나.

무엇을 하라고 이렇게 다시 나를 만나게 해준 것인지...

잠시 잠시 집을 나가던 내 영혼이 아주 먼 곳으로 떠나버린 것은 아닌지

불안하고 불안했고, 간절히 그리워하고 있었나 보다.

영영 돌아오지 않을까봐

사소한 슬픔 때문에 죽고 싶었던 것이라 믿고 싶다.

끝까지 밀고 나가는 내 정신의 한 끗.에게 고맙다.

그 정신이 나를 죽기 직전까지 몰아내기도 했지만, 결코 놓아버리지는 않았으므로.

절대 정신을 가늠하게 된 며칠...

나는 다시 태어난 기분이다.

너무 오랜만이라. 아니 또 다른 처음의 기분이라 아직 멍하다.

자만했던 내 모든 신념이 다 무너져 버렸었고,

부서져 다시 쌓아야 할 때가 올지도 몰랐었는데

그래서 지금은 완전 어리버리하지만...

여전히 머금고 있는 나의 신념.

더 굳건해진 나의 신념.

나의 욕망이 부디. 열망이 되어 나를 지배하기를...

.

더 철저하게

더 처절하게

더 우아하게

Gray praise
2022 Mixed media on canvas 60×130cm

참지 않고 싶었지만

견디는 법을 배웠기 때문에

버텨져 졌다.

65.

늦은 밤 서재에서 글을 쓴다.

무언가를 위한 것이 아닌, 무언가를 향한 것
열정이 열망이 되기를 소망한다.

열정이 열망이 되는 삶이야말로 살아있는 인간이 할 수 있는 가장 높은 곳의 길을 걷는 삶.

이 단순한 길을 걸어간다면
삶은
행복으로 가득 찬다는 것을 알면서도 까맣게 잊고 살아가는 우리.

사랑하는 것들이 많아서 잃어버리고... 2023 Mixed media on canvas 130×162cm

66.

처음에는 홀로 존재하고 행위를 통해서 지각하면 새로운 자아가 태어난다.
수많은 사유와 그 속의 행위의 결합들은 존재라는 것을 창조해 낸다.
변화하는 형태들은 그 존재의 가치를 만들어가는 통로이다.
무의 형태가 자리하게 된다.
언어를 구사하고, 표정을 만들어내고, 걸어가는 모습을 서서히 자각하면 해 볼수록 나의 삶은 죽음과 얼마만큼 연관되어 그 무엇이 소중한 것인지 길을 잃게 된다.

살아 있다는 것
산다는 것은 죽음에 이르는 길을 걸어가고 있는 것일까.
더 멀어지기 위한 무의식의 몸부림으로 숨을 쉬는 것일까.
관념은 어느새 나를 만들어가고 있다.
규정의 틀이 내 하루를 지배하고 있다고 하여도 이상할리 없는 것 같은 시간들이 내 손가락을 참 아프게 한다.
어느새 내 손가락은 가슴과 같았던 것을 지각했던 순간이 있었다.

일관적이지 않은 모순의 충돌을 말했던 베르그송인가
나는 늘 일관적이지 못하여도 모순의 충돌 속에서 혼란스러웠던 적은 상대적으로 없다는 생각을 갖고 살아왔는지 모르겠다.

내가 상상하는 그리고 마음 속으로 그리는 가슴은 늘 처음과 같다.

홀로 존재하고, 그저 숨쉬며, 바람, 연기, 살결에 닿는 그 모든 것일뿐이다.

이것들이 마치 정당하게 결합되어 나는 늘 일관적이게 홀로 존재해왔던 걸까.

언제고 선험적으로 이루어진 것만 같은 나의 확신 속 자아가 만난다.

이 순간에는 아주 혼란스러운 작은 충돌, 그래 그 모순의 충돌들이 나를 힘들게 하고 있다.

커다란 의미가 없는 사소한 행위들조차도 지각하는 순간 아주 커다란 그 무엇인가가 되어버리는 사유, 흩어진 조각들이 결합되기 위한 나의 사유, 그 즉시 해체되어 버리고 마는 그 사유...

하늘과 땅은 흐린데 저 먼 수평선이 이리도 확연히 보이는 그 사유.

마치 죽음을 선험적 경험을 통해 증명해 내고 있는 듯한 나의 시간. 으로 들어간다.

67.

바람이 불어 좋은 것들

.

손가락에 쥐어진 회색 재가

자연스럽게 사라진다

자유롭게 날아가 버리고

어느 새

타오르던 불빛도 꺼져버린다

.

영원할 것만 같던

그러나

알고 있었던 나보다 더 먼저

그 모든 것들을 알았다는 듯이

.

그렇게

.

자유롭게.

그러나.

고독하게.

.
.
.

나는 바람이 좋다.

68.

가슴이 터질 것만 같은데. 미친 듯이 두근거리는 고요.
내가 가진 이 모든 것들에 감사해서 눈물이 난다.

항상 자신의 오류에 빠진다.
그 자신이 나인지조차 모르던 시간이 세월이 되었다.

모자란 것이 무엇이었길래, 나는 그렇게도 오래 헤어나오지 못했었던 걸까.

서러워서 눈물이 나고, 억울해서 미칠 것만 같다.

그 무엇으로도 뒤집을 수 없는 모든 것을 걸고 다짐하기를 수 천 번, 아니 수 만 번...
수 년을 반복해온 내 지긋지긋한 고질병...
자고 일어나면 깨끗이 나아지기를......

얼마나 간절히 기도했었는지 모를 그 날들.
내가 나를 어찌하지 못하여 울지도 못했던 순간들...

너무 부질없던 헛구역질들...

나는 너무나도 나약했고 나약했다.

나를 잃어 갈 때에,
나는 나를 놓아버렸는지도 모르겠다는 생각이 든다.

오늘,
이렇게 감사한 것들이 눈에 보이기 시작하니,
비로소 내 안의 눈물이 흐른다.

보이는 것을 넘어 본질을 보려했었던 나는,
보이는 것조차도 보지 못했던 바보였다.

착각이 나를 위로했고,
그 위로가 나를 망쳐왔다는 것...

이제는 커다란 무언가를 내 위로로 삼지 않으려 한다.

가여운 내 영혼을 단단한 영혼으로 잘 인도하고 싶다.
이제는 안다.
자유를 빙자한 내 헛구역질은 나를 죽어가게 했었다는 것을...

69.

지금 부족하다는 생각

노력해왔다는 증거

만회할 기회가 여실하다는 것

자신에게
설레여야 할 필요가 있다.

시간이 흐르고
흘렀고
흐르겠지만

흐르기만 하지 않을 것이고, 완성되어 갈 것이라는

기대 아닌

설.레.임.

그것은 기다림이다 *2022 Mixed media on canvas 162×130cm*

70.

작품을 떠나 보낸 후
커피를 마시러 2층으로 올라왔다.

민트색의 커피잔이 어쩌면 이렇게 예쁘니...

초코릿이 쌉싸름하다는 말에
생전 마시지 않는 초코릿커피를 마셔본다.

그래.
나는 오늘 이별을 했으니 초코릿이 필요하다.

너무 달콤하고 쌉싸름하다.

스무살 처음 맛보았던
그 유치하지만
찬란했던 내 어린 시절에
에스프레소 콘파냐가 이러했었던 것 같다.

커피는 에스프레소만 커피 같았다.

여전하지만
지금 내 세상 속에는 다른 아이들도 있다.

몸이 피곤할 때면
바닥에 붙다가 못해
땅 속으로 꺼져 들어가 구덩이를 판다.
징그럽다 구덩이.

그 속에서 쪼꼬만한 아이들이 나를 꽁꽁 묶는다.
걔네들은 아주 힘차게 나를 묶는데 열심이다.
그렇게 내가 움직일 수 없게 되면 앉아서 쉰다.
그러고는 나를 쳐다보며 관찰한다.
나를 묶은 아이들인데
나는 그 아이들이 귀엽다.

움직일 수 없어 갑갑하지만
어쩔 수 없이 쉬게 해 주는 착한 아이들 같기 때문이다.

71.

소리에 민감한 나는 과연 다른 것에는 둔감한가...

초예민한 감각을 지닌 나는
살아가는 것에 대하여
좋은 점과 좋지 못한 점.
편안함과 그렇지 못하여 불편한 점들을
나열해 보았을 때가 있었다.

끝나지 않은,
끝날 줄 모를... 이 피곤한...

나는. 여전히. 내가. 제일. 어렵다.

.

그때가 언제였는데,
아직도... 멀었다.

.

끝나지 않았음은
살아가고 있다는 것이라는 행복과,
내일 죽어도 여한이 없을 것이라는 미련 없음의 행복을
동시에 느끼게 해주는 특별한 것.

72.

오후 세시.

햇살이 따뜻하다.
바람이 분다.

가을은 이러하다.
초록의 잔디는 아직 맑다.
사이사이 땅으로 돌아가는 아이들도 있다.
폭신폭신한 촉감이 발바닥에 닿아, 손가락 끝까지 왔다.

가을은 오감을 깨워주고, 살아있음을 새롭게 느끼게 한다.
익숙한 것들이 새롭게 다가올 때면, 주위를 둘러보게 된다.
고개를 숙였던 것도 아니었는데, 마치 처음 고개를 들었고 이윽고,
솟아 나온 듯하다.

무엇을 보며 살아왔을까.
내가 느꼈던 것들은 그 무엇이었을까.
어떤 것들은 낯설어 신기하고, 어떤 것들은 너무 새로워 낯설다.

망각의 강을 지난 레테처럼, 나는 그 강을 이미 건너온 것일까.
그 끝의 지점은 다시 시작인걸까.

그 끝의 지점에서 다시 시작이 될까.
다다르면 알 수 있을 것만 같았던 모든 것들이 여전히 아득하기만 하다.

밝은 세상을 지나면, 더 밝은 세상이 또 다른 생명을 내려준다.

내 안의 자아가, 나의 영혼이, 말을 한다.
그저, 가을 속으로 들어가 보라고...
고개 들어보라고...
이미 넌 가을 속에 들어와 있을거라고......

감기가 들어 오감이 둔해졌다.
다행히 오감 중 촉각은 깨어있는 듯하다.
나는 늘 육감이 존재한다고 믿었다.
육감이라는 것은 보편적으로 성적인 느낌의 뉘앙스로 사용된다.
그런데, 나는 육감이라는 것이 저 다른 자아의 오감 같다는 생각을 많이 했다.
마치 현실을 너머 가상의 세계에서 볼 수 있을법한 것들을 볼 수 있고, 느낄 수 있는 것.

오감을 지니고, 또 하나의 오감이 육감이다.
는 생각을 언제부터 하였는지 모르겠지만 그렇게 믿어 온지 오래다.

자아는 하나인데, 오감에 또 다른 오감을 지닌 즉, 육감을 지닌 자아는 그 자아와는 조금 다른 존재이다.
처음부터 존재하였던 것은, 다른 존재를 만들어내었고, 그 둘의 자아는 동시에 존재한다.

하나의 본래 자아가 다른 자아를 만들어냈다.
오감을 지닌 자아와 그 오감을 오롯이 지닌 채로 육감을 지닌 자아를 만든 것이다.

결국, 내 안의 자아는 둘이 되었고,
또 다시 결국, 내 안의 자아는 최소 둘 이상이 된 것이다.

무심코 지나칠 때에 보였던 것들을 모두 기억하지는 못해도, 어렴풋이나마 떠오른다는 것은
육감의 영역이 살아있기 때문이다.

애써 죽여야 내가 편한데, 마음이 아파 함부로 버리지 못하는 이 고질병을 지닌 나로써는...

그래서.
나는 내가 제일 어 렵 다.

어쩔 수 없다.

73.

난 외로움이 절실하다.

원한다.

가혹하게 외로운 삶.

.

갑자기 웃음을 못 참겠다.

이미 나는 그렇게 살고 있다는 것 때문에

.

그런데
죽을 때까지 비.밀.

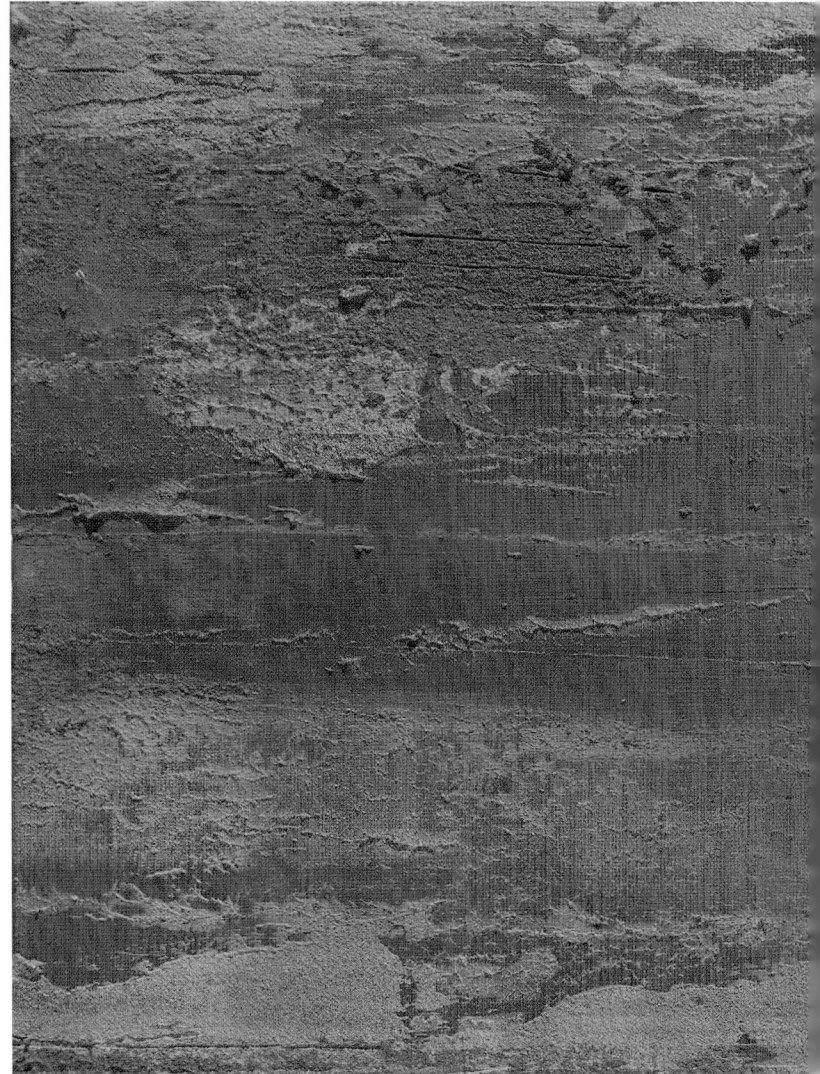

너의 이름은_ 2019 Mixed media on canvas 27×45cm

74.

많이 추워졌다.
분위기 있다.

행복하다.

마음 속 깊은 근심은
아무리 느끼고 싶지 않아도
행복함뿐만 아니라, 모든 감정에 있어서 완벽한 만끽함을 방해한다.

늘 무언가에 대한
채워지지 않는 갈증과 부족함은
온전한 감성의 커다란 적이다.

몰랐다.
단순하고도 어렵지 않은
이 사실을 몰랐다.

깊게 느껴보지 못한
얕은 감성의 소유자.

어쩌면 이를 각인하기 위해서였는지
2년에 가까운 시간을 감성의 세상에 들어가 살았다.

인생이 한 단계 더 성숙되었다.

아픈 만큼 성숙한다고 했지.

큰 감흥이 느껴지지 않는 이 말은
너무나 깊은 뜻을
참 많이도 내포하고 있었다.

어릴 때는 사랑에만 국한되는 말이라 생각했었다.
어른이 되어서는
더욱 감흥이 없었고, 그 말에 대한 감정은 더더욱 나에게 무관한
듯 되어졌다.

그런데 아니었다.

꼭 아프다는 것이 아픈 것만을 말한 것이 아니었으며
성숙한다는 것 역시 그 성숙함을 말하는 것 또한 아니었다.

다행이다.

한 문제를 놓고, 같은 상황에 처해져도
각기 다른 생각을
또는 비슷한 생각을
내지는 똑같은 생각을 하기도 한다.

그 속에서 나는 언제나
나의 결론과 생각들을 존중하고, 흐뭇해한다.

이번에도 그러하다.

참 감사하다.

많은 생각을 하는 내가
올바른 생각을 향하는 내가
진정으로 생각이라는 것을 하고 살아가는 내가

무엇보다
중학생 시절 문학 시간에 썼었던

'생각하면서 살면, 멋지게 살 수 있다.' 는

어린 날의

작고, 촌스럽지만 순수했던
그 생각으로 살아가고 있어서

참으로 나에게 고맙다.

무형의 그것조차 사라지다.
2021 Mixed media on canvas 60×130cm

75.

주어진 몸으로 정직하게 일을 하고
있는 그대로를 사랑하는 여인.

나의 의지와 관계없이 가난한 나라에서 태어났다.
그래도 그 여인은 웃는다.

그 여인이 살아가던 세상이 전부이기에,
그런 줄 알았기에..
원하고 바래본다.

그러한 줄 몰랐더라도
아니. 그 이상을 안다하여도
그 세상이 전부이고, 그 속에서 여전히
정직하게 일을 하고,
있는 그대로를 사랑할 수 있기를...

아름다운 여인이 되고 싶다.

눈 감는 순간이
생각보다 더 빨리 찾아온다 하여도

입버릇처럼, 진정 죽어도 여한이 없었을지라도
내 삶은
실존의 미학. 이었다... 라고
어렴풋이 웃으며
이별할 수 있기를.

그러하기를...

76.

때마침 바람이 분다.
그것도 겨울의 바람이다.

나에게로 온다.
늘…
비가 내려야 할 때에는 어김없이 내려오고
바람이 불어왔으면 할 때에는
또 어김없이 불어온다.

실망시키지 않는다.

기대라는 것은, 때로는 아니함만 못하는 것인데
은연 중에 바래 온 기대들은
인지하는 순간에는 어느새 나에게로 와 있었다.

축복이라는 것이 이러한 것이라는 것을 왜 알지 못하였을까.

라고 생각해 보니
사실은, 아니었다.

그 모든 것들을 너무나 잘 느끼고 있었으니
세상이 아름다웠음... 이었으리라.
예상하지 못한 음악이 들려 올 때에도 그러하다.

덜컥 눈물이 흐른다.
그 것은 슬픔이 아니다.
가슴이 벅차서 그 무엇으로도 어찌지 못하는 나만의 행복이다.
그 행복이 그저 눈물일 뿐이라는 것을 알아서 슬픔이 눈물이 아니라는 것 또한 아는 것인데,

누구에게 말하면 알까...?
'앓느니 죽겠다'는 고작 여섯 글자에 모든 것이 담겨 있을 뿐...

이 순간에는 이것이 전부일 뿐.

비록, 내 표현이 부족하여 전달되지 못함이 아쉬움으로 자리한다면
뼛 속, 저 내밀한 끝까지 아쉬워야 한다.

그 것은
마치 부딪혀 부서지는
부서질 수 밖에 없는 것이다.

그러해도...
고작
내 세상은 전부이기에 한 끗 모자람이 없다.

.

심플한 마음으로 시작하였고,
고되지 않다 다독여도
한계라는 것은 이미 사라진지 오래이기에...
복잡해지고 어려운,
사소한 그러나 사소하지만은 않은...
순간들 속에 들어와 있다.

어느새, 나는 그 속에 놓여져 있었다.

아. 름. 답. 다.

나를 잃어버렸다.
그 것은 상실이 아닌 나로서의 나.
그 길의 끝 지점으로의 가까움.
'나에게로 다가감' 임을...

아주 잠시 쉬어본다.

글을 쓰고 있다.
평온하고도 평안하다.

쉬어간다.
나는 이렇게...

사월의 바람이라니...
눈물겹다. 진정.

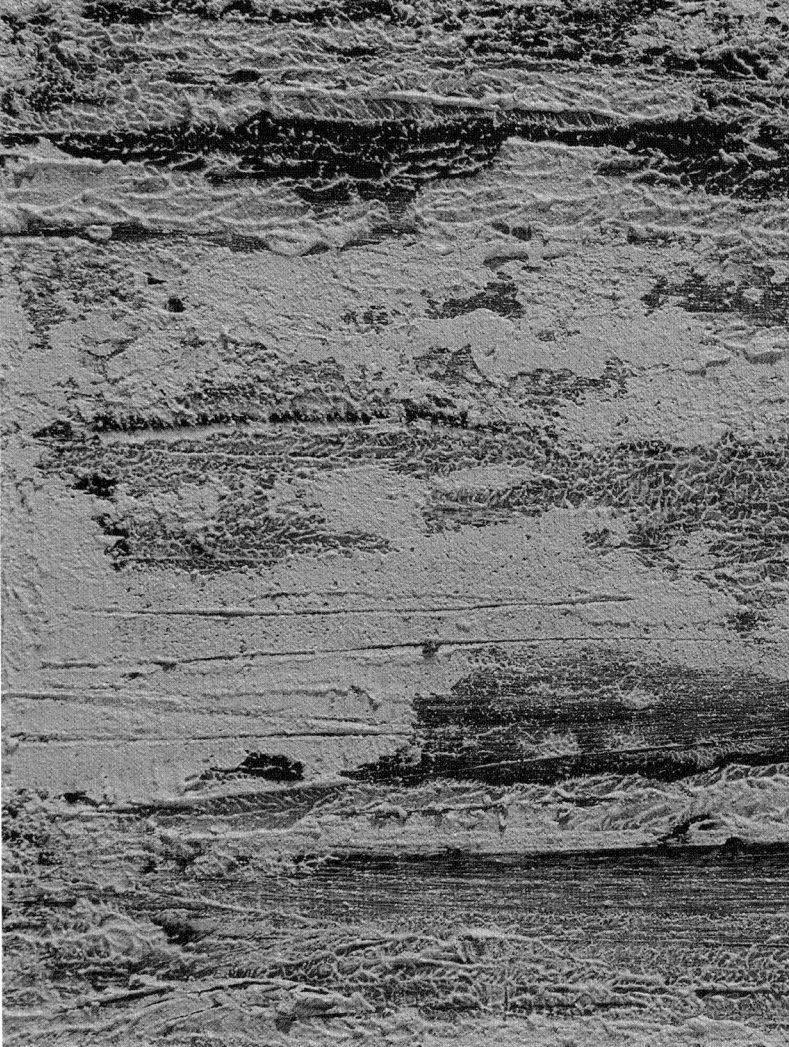

이내 홀연히...
2019 Mixed media on canvas 21×35cm

77.

미친 듯이 글을 쓰고 싶을 때가 있다.

아니,
미친 듯이 글이 써질 때가 있다.

정말 미치겠다.

다행이다.

글을 쓸 수 있어서...

2022.11.3.오후 네시.일분.

- 일분의 시간에 이렇게나 많을 것을 남길 수 있다니...
시간의 경중은 없지만,
생각과 그 태도의 경중을 자신은 알기에 덧없는 허망함 또한 얼마나 귀중한 것인지를
느낄 수 있는 것이다.

더 철저하게 2022 Mixed media on canvas 53×45.5cm

78.

여백이 없어
더 이상 글을 쓸 수가 없다.

다 쏟아내어도
더 담을 것만 같은 가슴이
그저 아프기만 하다.

바람은 부는데
겨울은 가고
봄이 온 것 같아서
불안하다.

피어나는 봄의 향기가
그저
소리가 너무 많아서
무슨 소리를 느껴야 할지
들어야 하는지

어서
시끄러운 봄이

지나갔으면 좋겠다.

조용한 겨울을
또
다시 기다린다.

차라리
여름은
비가 오래토록 내리는
장마라도 있지.

봄은
시끄럽게

가혹한
하루하루를
버텨내라고만 할 뿐이다.

79.

커다란 이변을 몰고 올 줄 알았던 그 날

- 새해 첫 날

.

그저 놓여져 있는 날로 지나가 버린 날

- 그 해 마지막 날...

80.

나는 어른을 흉내 내는 영원한 아이이고 싶다.
멋진 어른이 되고 싶었다.

그러나
그것을 기억하는 어른이 싫다.
멋진 어른을 흉내 내는 멋진 아이로 영원하고 싶다.

그럴 수 있을까...

.

너무나 많은
내 안의 내가...
아니 딱 둘의 내가...

이렇게 주인의 감정은 뒷전인 채
타협하지 못하는
얄궂은 날에는...

.

어느 날.부턴가…
모든 것을 말할 수 없게 되어 버렸다…

.

그래…
나는…
멋진 어른을…
흉내 내는…
멋진 아이…

…

그 날에…
그 소녀로…
영원하고 싶다…

81.

나의 이 사유는
항상 내 속에 있는 것이었다.
그 속에는 내가 앉아 있다.

해가 지고
어둠이 내려앉고
바람이 부는 일처럼
그렇게 커피를 마시며
숨을 내 쉰다.

그러하나
언젠가부터 나는
한 없는 그리움 속으로 들어가 버렸다.

동시에
한 없는 괴로움 속으로 들어가 버렸다.

그 속을 헤매일 때에
나는
걷고 또 걸을 수 밖에 없다.

그리고 또 그리고
헤매고 또 헤매이는 것.

그것은
기다림이다.
한 없는 기다림으로 바뀌어 간다.

이제 비가 내린다.
내 기다림도 언젠가.
그 어디쯤에서는.
그칠까.
그쳐질까.
그칠 수 있을까...

지금 내가 할 수 있는건...
믿어보는 것.

그 어디쯤.
과연 그치는 때가 온다 하면...
그 동안에는
계속 비가 내리고
해가 질 것이고

어둠이 내릴 것이며
바람은 불 것이니.

가슴 저미고.
시리고
끝없이 아프고 아프더라도

걸을 수 밖에...

.

죽기밖에 더 하겠니.

그런.
너의 세계를.

...

사랑해.

82.

나는 밤이 길었으면 좋겠다.
나는 뼈 속이 시리도록 추웠으면 좋겠다.

나는

내 바람이

계속...

계속 불었으면. 좋.겠.다.

떠다니는

나는 바람이었다..
2023
Mixed media on canvas
162×194cm

83.

나에게 불꽃은 낭만이었다.

나는 낭만이 없으면 차라리 죽어야겠다고 생각했다.

늘 나의 문제는 나로부터였다.
너무나 낭만적이어서 내가 나로 살 수 있었고
불꽃같은 이야기를 품을 수 있었다.

그래, 내가 낭만적이었을 수 있었던 것은
외롭고 시렸기 때문이었을지도 모르겠다.

그 어떠한 것으로
그리도 불타오를 수 있었을까.

.

상념 속에 서 있는 나를 본다.

.

밤이 깊었다.
어두움이 내렸고, 곧 푸른빛의 새벽을 마주한다.

.

가슴이 시려온다.

84.

마음을 나누었다는 것은,

그 어떠한 약속도 필요 없는 것.

85.

어린 날에 이별이라는 것을 경험했다.

나에게 첫 남자였던 그는 우리가 살던 집이라는 공간에서 서서히 숨을 거두었다.
그의 곁에는 그의 여인과 기도를 하던 목사님과 그의 가족 몇 명이 있었다.

나는 그 방과 연결된 또 다른 방에 누워있었다.
등을 바닥에 대고
두 다리를 벽에 올린 채 'ㄴ'자가 되어 울면서 기도했다.

내 나이 여덟 살.
곧 아홉 살을 앞둔 12월의 겨울이었다.

아마도 그 날의 그 기도가 나의 삶에서 가장 간절했던 기도가 아니었나 싶다.

눈물이 뜨겁다는 것.
멈추지 않는 눈물이 있다는 것.
아무리 간절히 기도해도 다가오는 순간을 이기지 못할 것이라는 것을 이미 알고 하는 기도.
나의 간절함이 일말의 의심 때문에 하늘에 닿지 못하였나... 는 의문이 때로는 죄책감으로도 느껴졌다.

그러나
나는 안다.
그것은 보이지 않는 끝을 상상하였던 것이 만들어낸 나의 허상이라는 사실을.

그보다 간절할 수는 없었다는 것을 알았고, 지금도 알고 있다.

어렸던 나이에
눈물의 온도는 뜨겁다는 사실과 함께
기도는 간절하다는 진실과 함께
나의 첫사랑의 그는 내 곁을 떠나갔고
이별은 아프다는 것을 알게 되었다.

나는 사랑이 많은 아이가 되었다.
인간을 사랑하는 어른으로 성장했다.

그리운 적이 있었나. 생각해보면...
그리울까봐 모든 것들을 지웠던 것 같다.

그리워하면 너무 그리울까봐
처음부터 1987년 12월 12일에는 이별할 사람으로 정해진 것으로 각인시켜 버렸다.

사라진 것이 아닌, 함께하는 기간을 마치 정해진 때로 자연스럽게 받아들이는 것으로 내 스스로 정해버렸다.

그의 여인은 나의 여인이다.

자식을 너무나도 사랑하는 여인.
그의 여인.
나의 소중한 여인.

나의 엄마는 사랑하는 남자와 이별을 하지 않으려고 수년간 많은 노력을 했었다.
고된 일상에서의 그녀의 미소가 죽음의 저승사자를 얼씬거리지 못하게 잠식시켜버렸다는 것을 나는 잘 안다.

내가 그리워하면 그녀는 그가 얼마나 그리울까...

홀로 남겨진 그녀에게 짐 같았을 세 명의 존재는 그녀의 전부였다는 것이 어른이 되어갈수록 아팠다.

아프다.

이제야 그 날을 돌이켜 본다.
이제는 그 날을 되짚어 소환 해와도 견딜 수 있다.

그 날에 들어갈 수 있다.
'ㄴ'자를 해보면 나의 첫사랑이 그리워진다.

아빠.
그리워...
내 손 꼭 잡고 아이스크림 사 주시던 아빠
그리워요...

오늘 날 나는,
그 날에 이루어진 나이다.

나의 모든 것이 그 날 그 이별의 순간.
그 공간 속에 담겨져 그대로 성장해 왔다.

그 공간 속 담겼었던 다 말 하지 못할...
커다랗고도 조그마한 공간.
두렵고도 뜨거웠던 공간.
간절하고 간절했지만 놓쳐버릴 수 밖에 없던 공간.

겨울의 온도.

눈물의 온도.

가슴의 온도.

감정의 온도.

두려움의 온도.

슬픔의 온도.

아픔의 온도.

이별의 온도.

그리고 지우고 싶은 온도.

그 마저도 그 공간에 다 담겨있다.

알지 못하여도 되는 것들을
결국은 알 게 될 것들이기에
그저 조금 일찍 알게 되었던 가슴 속 공간.

나는 그렇게
생각이 아주 많고
사랑이 많은 아이로 성장했다.

- 이천이십삼년 일월오일 새벽 네시.

훌연히 떠나보내어도 좋겠다는 마음.
2019 Mixed media on canvas 27×70cm

그리움은 그립다는 것만으로 아름답다.

예사롭지 않은 바람이 분다
2018 Mixed media on canvas 130×160cm

살아간다는 것.
그 무언가를 사랑하고 있다는 것.

저 사이로 빛을 보았다면
그 무언가를 사랑할 열망이 가슴에 서려있다는 것

존재라고 떠들어 대는 말이 필요없는 곳
우리의 가슴...

86.

당신이 없는 하얀 겨울 밤

바람이 없어 내리는 눈을 미처 느끼지 못한 하얀 너의 자리
세상에 갇힌 나에게 세계를 선물해 주는 겨울

이천이십년을 소리 없이 보내고 나니
이천이십일년은 하얀 세상으로 나를 인도한다.

늘 꿈처럼 그리고 꿈 속에서만 그리던 핀란드의 그 어느 겨울이 내게로 왔다.
코 끝이 얼고, 손가락 마디마디도 얼었으며, 세상은 고요해졌다.
따뜻한 차의 온기가 연기처럼 피어오르고만 있다.
어쩌면 저렇게 빛날까
그저 하얗기만 한데 빛이 나는 걸까
소복소복 쌓여가는 눈이 신기하여 밤을 새워 보아도 아침은 올 것 같지 않다.
이 순간에 모든 생명은 그 어디론가 나만 모르게 숨어버린 것만 같고, 외톨이가 되어 서 있다.
멈추어 버렸다.
심장도 곧 멎어버릴 것만 같다.

자그마한 소리 하나 없는 지금 나는 무언가에 홀려 버린 듯해 정신을 가다듬어 본다.
천천히... 길게...
가만히 숨을 쉬어 본다.

이것을 표현할 길 없다.
그저 가슴이 하는 말.만...

'나의 숭고한 사랑에게...'

세상이 멈추어 버리고, 내 어린 날 솜뭉치의 그리운 눈은 그렇게 다시 되살아 나 버렸다.

2021.1.11. pm 10:46

87.

저 물결이 이미 날아가 버린 너였음이어라

밀려오는 너는 이미 바람이었어라

지나간 자리에 남은 너를

나는 부정할 수 없음이어라

88.

빗소리를 들은 지가 언제였었는지
기억을 더듬어보아도 기억이 나질 않는다.
곧 장마가 올 텐데

비의 소리와
비의 내음이
그리운 날이다.

내일 비가 내린다는데
그리운 이를 만나기 전 마음처럼
조금 살짝 설레인다.

오늘은 낙조의 빛이
저 머언 세상처럼 보이고
때문에 그림이 선명해졌다.
인간처럼

그림도 숨을 쉬고
그 숨결을 고스란히 받으며
발색하고 말을 한다.

숨어있던 채도는 짙어지고
조화로운 색으로 하나가 되어 진다.

어떤 날은
이러할 때에 가슴이 두근거려 심 호흡이 꽤 많이 필요하고
또 어떤 날은
많은 생각들로 헤메이다가 하나의 사유로 돌아가게 한다.

다행히
결국은 나를
이 쪽, 저 쪽으로 끌었었던 근원지로 데려다 준다.

본질과 본능으로
더 단순화 시켜주는
결국은
'그저 아무것도 아니었다.'
라고
단 한순간에 나를 제압시킨다.

좋다.
이런 날
이런 기분

이런 기운

이런 나

그 어느 날

내 가슴을 때렸었던

시리고도 시렸었던

글이 생각난다.

가슴이 하는 말...

가슴이 써내려간 글

가슴이 가리키는

우리들의 영혼

.

'인간은 어느 날 갑자기 살아있는 게임을 이유 없이 그만두어야 한다는 것을 깨닫는다.

욕망이 너의 눈을 가려 삶을 이끌었다면 인간은 생각보다 허망하고 덧없는 '꿈'이었음을 탄식하리라.'

- 알베르토 자코메티

.

이제 어둠이 내렸다.
다시
그림과 놀아야 겠다.

'무언의 조형 언어놀이'를 시작할 시간이다.

89.

사흘째 바람이 태풍처럼 불어오고 있다.

알아차린 듯하다.

.

.

.

이 바람

너.에게도 바람이 불어오길 바래

90.

어느 날 부터

두려운 것이 많아졌다

쇠약해져가는 내가 슬펐다

그 슬픔은 손바닥이었다

내 가슴은
작고 작아서

넓고 넓은 하늘을 가리워갔다

.

잊고 있었다

넓고 넓은 그 하늘이

내 사랑이라는 것을

손가락 사이로 하늘이 보인다

더 이상 두렵지 않다

가난도

슬픔도

아픔도

남아있는 또 다른 하늘도

.

사랑한다는 것은

삶을 새로 써내려가는 것이라는 걸

울면서 배웠다

.

그 어느 겨울 날에...

무언의 하루
2021 Mixed media on canvas 60×130cm

91.

그것만으로도

이 편안한 지루함이 그리워지리라는 것을
나는 압니다.

이 불안한 가슴이 더욱 두려워지리라는 것을
나는 압니다.

이 행복한 감정도 한순간 사라지리라는 것을
나는 압니다.

다 알면서도
놓지 못하는 것은

내 가슴에
그대 머물렀던 지금이 소중해지리라는 것을
알기 때문이겠죠.

그것만으로도

충분히 아름다웠다는 것을
내가 알기 때문이겠죠.

누구에게 말하면 알까.. 2023 Mixed media on canvas 162×112cm

92.

한 밤처럼 깊은 잠에 빠진 그대.

사랑한다는 것은
수많은 정의와 나름의 마음들이 담긴 글들이 있지만

나는
오직
그대.

.

더 사랑하지 못해서 아프지 않게 바라보아야지.

.

나의
오직
그대.

93.

글을 쓰기에는 참 슬픈 밤이다.

나는 어쩌자고 세상과 만났을까.
우리가 사는 세상은 도대체 무엇을 하는 곳일까.

어릴 적 나는
모든 것이 변하는 것인 줄로만 알았다.

그 날에
그 작은 고민과 생각들은 너무나도 컸었던 탓에 내가 어리기 때문이라고 믿었다.

지금 나는 어른이 되었는데도,
어린 날 스쳐 보내려 했고 그렇게 묻어두었던 것이 맞았다는 것을 인정하기가 쉽지 않다.

어떻게 그 어릴 적에 그 날에...
나는 어른이 되어야 알 수 있었던 것을 느껴버렸던 걸까.

어른이 되어도 그럴 줄 알았다.

알면서도, 그러하지 않기를...
기도하며 묻어두었다.

결국, 나는 생각한대로 살아가고 있다.

오래 이 세상에 존재하지 못할 것 같다는 생각이 이제 두렵다.
마지막 묻어둔, 그러나 나는 부정하지 못하는 것.

가슴이 아프다.

무엇을 얼마나 사랑하느냐고 묻는 이가 있다면
나는 나를 잃어버리고 싶어.
라고 답하고 싶다.

뉴욕에서의 터질 것 같았던 행복함이 그립고,
애틋했던 나의 파리가 아프다.

길을 잃어 헤매고 그 길가에서 죽을 수도 있겠다.

나는 말 할 수 없다.
내가 아프게 하는 것들만 아프다.

나를 아프게 하는 것들은 모두 용서할 수 있다.

내가 나를 죽일 수도 있는데, 결국 나는 나를 살리려 다른 것들을 아프게 한다.

산다는 것.
살아간다는 것.
행복하다는 것.
슬프다는 것.
아프다는 것.

무엇을 위해 나는
이렇게도 나빠졌을까.

왜 이렇게 병 들어버린 걸까 ?

나는...
또 다른 겨울로 떠나려 한다.
그것만으로도 눈물이 나는데, 지나 온 나의 삶이 기억에서 사라져 간다.

누군가를 아프게 하여서
나도 아파야 한다는 마음이 더 짙어졌으면 참 좋겠다...

94.

맨발로 음악과 함께 춤추며 날고 싶다...

흙이 발바닥에 묻었으면.. 좋겠다...

그러면...

내 발은 더 이뻐지겠지...

기도를
다시 시작해야겠다.
2023
Mixed media
on canvas
96.5×130cm

95.

어느 흑인 연주가

그의 연주는 그러했다.

부유층 그 사람들의 박수와 환호는
예술이라는 미명 아래
침잠하던 인간의 내면일 뿐이었다.

나는 슬펐다.

무엇이 그러했을까.

그에게
아름다운 연주는
그 음악은
.
또 다시 그 자신은
그렇게
그렇게...

평범한 뮤지션이었을 뿐이었지만
그 모든 것들은 다르게 말하고 있었다.

그 속에서
보았던 것은

예술가의 자아.
그 조차도
호사로운 사치였다는 것.

그도 그 것을... 아는 듯 했다.
그의 연주가 그러했다.

그래서
나는 슬펐고, 눈물이 흘렀다.

그의 손가락 끝에서
섬세한 관능이 느껴졌다.

아마도 그것은
위태롭고, 불안했던 삶의 마디였을 것이며..
매 순간의 애환으로부터 였을...것이다.

아.
가슴이 저며온다.

이내 곧.
가슴 저며옴을 느꼈던 것은
서정적으로 퍼졌던 선율이
그 구슬픈 표정과 닮았기 때문이었고
그 손가락 끝의 우아함 때문이었을 것이다.

어둡고도 찬란한.
아련하면서도 당당한.
몽환적이면서도 너무나 현실적인.
막연한 순간들이 한치 앞을 불안하게 했고.
그는
아름답지만
그렇게 처절한 고독 속에 서 있었다.

.

그저 그렇게

.

곧 나도
겨울 밤거리를 걷고 있었다.
그러하나
애환의 심연 속을 걷고 있었으므로
춥지 않았다.

.

동행자는
어느새 삶의 뚜렷한 의미를 알아가고 있었고.

그것 또한 슬펐다.

.

시련은 예술가의 숙명과도 같다는
그 진부한 거짓같은 진실이
진실같은 거짓으로 내 가슴을 울렸다.

그렇게.
가슴 속에 스며들었다.
그 밤.
그렇게.
애잔해진 가슴을 품은 사람의
발걸음은

어디로 향했던 것인지 알 수 없다.

나는 감동을 잘 받는다.
그 세상과 닿으면 힘이 든다.
늘
순식간에 들어가는 듯 했는데
나오고 싶을때에는 쉬운 일이 아니게 되어있다.
쉽게 나올 수가 없고
시간이 걸리고 사색이 필요해진다.
그럴 때에는
잠시
나를 기다려주어야 한다.

지금 나는.
그 시간 속을 걷고 있는 중이다.

그저 그렇게…

더 처절하게 2022 Mixed media on canvas 53×45.5cm

96.

칠흑 같은 어두운 까마안 밤.

그 하늘. 속에서
빛나는 별 같았다.

그의 눈물은...

97.

한참을 그렇게 서 있었다.

들리지 않을 것 알면서도...

그 마지막 발자국 혹시...

느낄 수 있을까 해서...

그렇게 멀어져갔다...

또 다시...

그 여느 때처럼...

.

온 몸이 심장 같았던 작업실에서 온 감각을 소리에 담았던 날.

98.

어디도 가지 않고
작업실에 머문지 한 달이 되어갈 때쯤
마미가 나에게 페이스톡이 왔다.
밑도 끝도 없이
읊어주신 즉흥시의 마음
잊을까봐 바로 기록한다.

.

'무르익어가는 봄 날씨에
보고 싶은 내 새끼

작업실의 사랑스러운 내 딸

내 새끼가 보고 싶어

보고 싶다
보고 싶다
소중한 내 새끼

봄 저녁 하늘처럼 그리운 내 새끼'

.

.

.

사랑하지 않을 수 없다.
이런 나의 엄마를...

99.

차가운 공기, 스산한 바람.

지금

다시, 겨울...

100.

내가 좋아하는 사람이 말했다.

'너는 40년대 파리 어느 거리에서 온 여인.'

...

'나이도 태어난 곳도 모르겠는, 모호한 년.'

101.

펜을 보면 글을 쓰지 않고는 못 베긴다.

손 끝에서 새로운 무언가를 만들어내는 것 같은…

작품을 완성하는 것 같은…

단순하고도 놀라운
이 신비로운 경험.

글을 써 내려간다는 것.

102.

칠월의 끝자락에 서 있다.

무더운 여름의 밝고 밝음은
내 마음의 시림을 가리워준다

언제 또 회색의 날이
서려올지 모를 일이다

그 날이 오는 때이면
여름의 밝음이 가리웠던
시림이 배가 되어 끄집어 나올지
역시 모를 일이다

두렵다

잘 덮고 덮어 또 덮어 놓은
모르는 척하고 있는
외면하며
난 내가 아닌 듯
하고 있는

이 시림이 폭발해 버릴까봐
두렵다

건드리기만 하면
무너질 것 같은

아는 척만 해도
터져버릴 것 같은

감정의 눈물이
어디선가 준비하고 있는 듯 하다

보란듯이...
내가 나에게 말한다
이길 수 있으면 이겨내봐...
할 수 있으면 해봐.....

.

졌다...
붓을 들어야겠다.

그 어디쯤이었을까...
2018
Mixed media on canvas
130×160cm

103.

부재의 서사

.

작고 작은 너.

삐뚤어져 위태로운 너.

불쌍하고 많이 가여운 너.

힘들었을 너.

여전히.
아픈 너.

영혼을 앉게 해 준 너.

영혼을 숨게 해 준 너.

그 곳에는...

나의 뼛조각들이 있었다...

.

지독히도 고독했던...

나의 그 것...

.

부재한 존재의 기억. 영혼은 알았던 거지.

.

나 처럼...

.

오늘의 나.처.럼...

104.

이 곳에서 살기 싫다.

다른 곳에서 살고 싶다..
이 나라가 싫은것도 아닌데

왜 난 자꾸만 자꾸만
다른 곳으로 가고 싶은걸까...

왜 자꾸만 자꾸만 나는
알지 못하는 곳을 갈망하는걸까...

이유도
목적도
그 무엇 하나 없는데

왜 자꾸만 자꾸만
아주 오래전부터
더욱 커져만 가는
이 식지 않는 알 수 없는 곳이
한없이 그리울까...

세상은 나에게 너가 있어야 할 곳이 어디인지
끝내 모를 거라고
시험하기 위해
떨어뜨렸다고 말하는것 같다.

나는 지금도 그 임무를 다하기 위해
살아가는 듯 하다.

하늘을 보고 울 뻔했다.

가을이어서...

시엔. 그녀.
2024 Mixed media on canvas 116×88.5cm

105.

팔이 빠질 것 같다.
손가락은 굳은 것 같다.

바람이 친구인 이 곳의 오늘 바람은
머무를 기미가 없어 보인다.
그저 스치며 계속 불어오고 있다.

이 때에
소중한 친구에게 전화가 왔다.

감당하기 힘든 일을 담담히 말하는 그 아이는
내 어린 시절 또 다른 자아였다.

'미안합니다. 평온히 잠드소서...'
기도했다.

아마 우리는
같은 마음이었을 것이다.

.

덕분에 금방 빠질 것 같았던 팔의 아픔도
굳었던 손가락도 유연해져 있다.

멀리서 그려본다.
담담한 목소리의 눈물 고인 내 소중한 너의 얼굴을...

다행이다.
삼 십년째

네가 행복하기를 내가 기도해 줄 수 있어서...

106.

한 밤에 마시던 술의 색깔은 맑았다.

그렇다고 세수를 할 수는 없었다.

.

어찌나 말끔하던지
그 무게조차 가늠하지 못했던 그 술은 누군가에게 위로가 되어 사라졌다.

.

조용한 위로. 무언의 공감.

107.

밤하늘이 까맣지 않고 파랗다는 것을 본 그 때에 흘러내렸던 내 눈물이

부디
너가 되기를...

나의 소중한 그 열망이

부디
너가 되어지기를...

108.

차분한 마음으로 나에게 다가선 날이 언제였는지

저 머언 곳에 내 마음을 두고 왔었나 보다.

바람이 일어 나의 솜털까지 붙들어야 했었던
날들이 스친다.

남아있는 무엇이
그 어떤 무언가가 되어 다시 나에게 물어왔다.

그저 멍하게 내가 나를 응시한다.

가슴이 가리키는 것.

여전히 내가 이러한 것은,
나의 앞에 다가서는 모든 것들에게
그리고 다가갈 우리의 모든 것들에게

새기고 새겨본다.

가슴이 가리키는 것. 이라고.

.

가을이 왔다.
겨울이 온다는 것.
오후 세시의 시간이 새벽 세시의 시간으로 느껴진다는 것.

지금 나는 너무 행복하다는 것.

109.

가뭄이라는데
나에게도 비가 필요하다.

사랑한다는 말은 가슴이 하는 말이어서, 환경에 구애 받지 않는 말이다.
나에게 사랑한다는 말은 그런 말이다.

아무런 인지도 없이 나오는 말.
바쁠 때에는, 나도 모르게 빠르게 나오는 말.
곁에 없을 때에는, 그리움으로 변하는 말.
하지 못하면 가슴이 아픈 말.
그래서 너무 하고 싶은 말.

사랑한다는 말은
그저 가슴이 시키는 말.
.
가슴이 하는 말...

머리와는 아무 상관없는
그런 말.

110.

하지 못할 것 같아

그만두었다

할 수 없을 것만 같아

또

그만두었다

.

그렇게 그만두었건만

지금 난 다시 그 자리에 돌아 와 있다.

- 해질녁, 전시장에서 앉지 못하는.. 나는... 또 다시 눈 부시고 텅 빈 공간으로 떨어져 있다...

그 바람이 되었다.
2023
Mixed media on canvas
72.5×90.5cm

111.

Fantasy

나는 결과 없는 사건들의 시대에 있다.
그것은 결과 없는 이론들의 시대에 있음과 같다.

무엇을 사유하여야 하며 그 속에서 진정 깨닫지는 못하여도
그 깨달음의 정도나 깊이와 관계없이 근처에서 서성이고는 있어야 하겠다.

그러하나 나는 힘이 없다.

그 어떤 사실성의 진실을 깨닫기에는 그 무언가를 취할 수 있는 환상.
그 극소의 환상조차도 없는 걸까...

그러하니 살며시 변.명.하나 해 본다.

나.
영혼이 섹시한 여인이 되고 싶다.

그저.
밑도 끝도 없이. 나 그런 여인이 될래...

하고 불현듯.
그 어느 지점에서 정해버렸다.

그.렇.게.판.타.지.

112.

서글퍼진다는 것.

가만히 생각해 보았다.

살아있음을 증명해주는

아름다운 역설.

그. 어느 곳이라 해도

숨 쉴 수. 있는 틈이 있음에 감사하다.

뼛 속까지 시린

그 겨울의 날이 어서 다가오기를...

멀었다.

멀었다.

아직은...

내 모든 것 .

털 한오라기 남기지 않을

차가운.. 겨. 울. 아...

나는..

너를...

기다려...

.
.

.
.
.

너무나.. 도...

.

간

절

.

.

히

.
.
.

커다란 가슴에 작은 몸을... 2023 Mixed media on canvas 162×112cm

113.

새벽 한시.

세상의 모든 음악이 너무 좋아서, 기억을 잃어버렸다.

114.

심장을 바닥에 닿게 하였더니...

심장이 바닥과 맞닿았을 때에...

심장을 바닥에 내려놓았다.

심장이 바닥으로 내려가 닿았다.

.

광활한 공간 속 . 그 틈

.

우리는

광활하고

반짝이는 틈. 속으로

들어왔다.

115.

울었다.

눈물은 우주이다.

우주를 노니던 나이다.

그래서 나는

울어도 웃을 수 있고

울어도 행복할 수 있으며

울어도 더 울 수도 있다.

울고 있지만

괜찮다.

내 눈물은. 우주이니까.

기다리던 밤 2023 Mixed media on canvas 162×130cm

너에게도 바람이 불어오길 바래...
2024, Mixed media on canvas, 97×162cm

허우적 거리다가.

서서.

걷고 또 걷다가.

멈추어 섰을 때.

너에게도 바람이 불어오길 바래.

무얼하고 있느냐고...
2020
Mixed media on canvas & steel

그곳은 희미했다.
2019
Mixed media on canvas

김 은선

Anne.s.

글은 사람이다.

그림은 영혼이다.

영혼을 품은 사람
우리가 희극적, 비극적 '감상적 공간'에
놓여지길 바라며
이것을 '바람이 불어오길 바라는...' 으로
쓰고, 그린다.

작품색인

시려왔다. 불안했다. 웃는다.
2018
Mixed media on canvas
130×160cm

그 곳.. 그렇게 서서...
2018
Mixed media on canvas
93×195cm

바라볼 뿐이었다...
2020
Mixed media on canvas
130×162cm

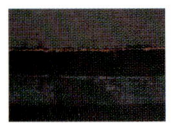

내 눈을 가리지마.
안보여서 눈물이 흘러...
2019
Mixed media on canvas
181.5×258.5cm

조그마한 공간의 불안.
그리고 평온.
2022
Mixed media on canvas
195×129.5cm

어두움이 내리고, 바람은 불 것이
걸을 수 밖에
2023
Mixed media on canvas
162×130cm

모두 모아서 소중한,
모두 모아서 귀중한
2023
Mixed media on canvas
162×130cm

Silent misty
2024
Mixed media on canvas
96.5×130cm

슬프고 아픈 작은 생각
2023
Mixed media on canvas
89×130cm

그저 바라본다.
2022
Mixed media on canvas
162×130cm

H...2-1
2018
Mixed media on canvas
160×112cm

어느 날부턴가 모든 것을
말할 수 없게 되어버렸다.
2023
Mixed media on canvas
130×162cm

간절히. 조용히. 고요하게.
2022
Mixed media on canvas
162×130cm

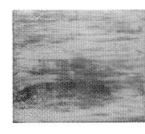
우아한 그 바람
2024
Mixed media on canvas
130×162cm

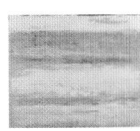
모르는 것이 많아서 떠도는...
2023
Mixed media on canvas
130×162cm

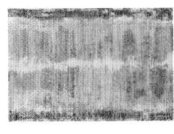
나약한 우리를 위로해 주소서
2023
Mixed media on canvas
130×195cm

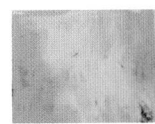
나의 사소한 슬픔
2023
Mixed media on canvas
130×162cm

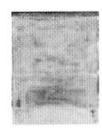
영혼을 위해 덮었던 너...
2022
Mixed media on canvas
162×130cm

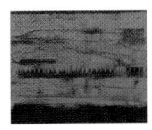
부서질 수 밖에 없는...
2023
Mixed media on canvas
72.5×90.5cm

더 우아하게
2022
Mixed media on canvas
53×40.5cm

다시 몸으로 퍼져나가는...
2022
Mixed media on canvas
162×112cm

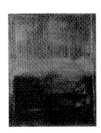
고고히 안절부절한
2021
Mixed media on canvas
162×130cm

자유롭게. 그러나,
2023
Mixed media on canvas
90.5×64.5cm

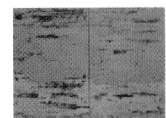
눈부시고 텅 빈 공간으로..
떨어졌다...
2019
Mixed media on canvas
162×224cm

여전히. 머물러 있어서...
2019
Mixed media on canvas
93×195cm

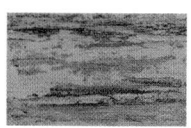

이내. 홀연히...
2019
Mixed media on canvas
21×35cm

미안하지만... 사랑해.
2019
Mixed media on canvas
54×270cm

더 철저하게
2022
Mixed media on canvas
53×45.5cm

Gray praise
2022
Mixed media on canvas
60×130cm

모르잖아... 어차피.
2024
Mixed media on canvas
162×130cm

사랑하는 것들이 많아서 잃어버리고...
2023
Mixed media on canvas
130×162cm

시엔. 그녀.
2024
Mixed media on canvas
116×88.5cm

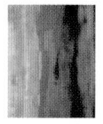

그것은 기다림이다.
2022
Mixed media on canvas
162×130cm

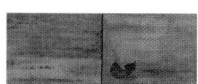

홀연히 떠나보내어도 좋겠다는 마음.
2019
Mixed media on canvas
27×70cm

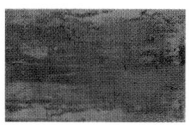

너의 이름은...
2019
Mixed media on canvas
27×45cm

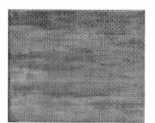

예사롭지 않은 바람이 분다.
2018
Mixed media on canvas
130×160cm

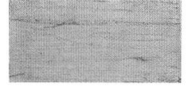

무형의 그것조차 사라지다.
2021
Mixed media on canvas
60×130cm

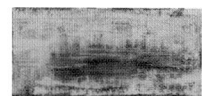

무언의 하루
2021
Mixed media on canvas
60×130cm

누구에게 말하면 알까..
2023
Mixed media on canvas
162×112cm

커다란 가슴에 작은 몸을..
2023
Mixed media on canvas
162×112cm

기도를 다시 시작해야겠다.
2023
Mixed media
on canvas
96.5×130cm

기다리던 밤
2023
Mixed media on canvas
162×130cm

더 처절하게
2022
Mixed media on canvas
53×45.5cm

그 바람이 되었다
2023
Mixed media on canvas
72.5×90.5cm

꼿꼿이 서서,
그러나 휘청거리며..
2024
Mixed media on canvas
162×130cm

무얼하고 있느냐고...
2020
Mixed media on canvas & steel

그 어디쯤이었을까..
2018
Mixed media on canvas
130×160cm

그곳은 희미했다
2019
Mixed media on canvas

나는, 바람이었다...
2023
Mixed media on canvas
162×194cm

너에게도 바람이 불어오길 바래..
2024
Mixed media on canvas
97×162cm

너에게도 바람이 불어오길 바래
김은선

2025년 3월 1일 초판 1쇄 발행

지은이	김은선
발행인	조동욱
편집인	조기수
펴낸곳	헥사곤 Hexagon Publishing Co.
등 록	제 2018-000011호 (2010. 7. 13)
주 소	경기도 성남시 분당구 성남대로 51, 270
전 화	070-7743-8000
팩 스	0303-3444-0089
이메일	joy@hexagonbook.com
웹사이트	www.hexagonbook.com

ⓒ 김은선 2025 Printed in Seoul, KOREA

ISBN 979-11-92756-66-0 03810

이 책의 전부 혹은 일부를 재사용하려면 저자와 출판회사 헥사곤 양측의 동의를 받아야 합니다.